히브리어 직역 토라

창세기 בְּרֵאשִׁית

베레쉬트

예슈아성서연구원

머리말

성경을 원문으로 읽으면 한글 번역본으로 읽을 때와 느낌이 다르다. 한글 번역본이 원문의 의미를 제대로 전달하지 않아서가 아니다. 오히려 의미 전달에 치중한 나머지 원문의 스타일과 표현들을 살리지 못했기 때문일 것이다. 만약 한글 성경을 읽으면서 원문의 감흥을 느낄 수 있다면 어떨까?

기원후 8세기 맛소라 학자들은 히브리어 성경의 모든 단어에 모음 부호와 액센트 부호를 표시했다. 모음 부호는 발음을 위한 것이고, 액센트 부호는 끊어 읽기를 위한 것이다. 끊어 읽기 부호는 본문을 구, 절, 문장 단위로 읽고 이해할 수 있게 도와준다. 끊어 읽기 부호를 따라 읽어보면, 히브리어 성경 대부분의 절은 크게 앞 뒤 두 문장으로 구성된 것을 알게 된다. 물론 그 문장들 속에 짧은 문장들이 들어있기도 하다. 그것들은 서로 메아리치듯 평행법으로 연결되어 있다. 평행법은 단순히 한 절로 국한되지 않고, 한 단락 혹은 한 장 전체를 연결시켜 하나로 묶어주기도 한다. 평행법은 입에서 입으로 구전되는 과정에서, 이해와 기억을 돕기 위해 고대 근동에서 널리 사용되던 기법이었다. 성경에서 평행법은 운문과 산문에서 골고루 사용되었으며, 운문에서는 단어의 갯수와 음운 반복 등을 통해 주제를 리듬으로 전달한다.

대부분의 한글 구약 성경은 맛소라 사본을 대본으로 했음에도, 액센트를 무시하고 번역했다. 그래서 히브리어 문장이 갖는 리듬과 힘을 느끼기 어렵다. 만약 두 문장으로 구성된 한 절을 한 문장으로 번역하면, 평행법이 사라질 뿐 아니라 반복되는 품사들의 일부도 생략될 수 밖에 없다. 원문에 있는 단어가 번역 과정에서 사라지는 이유 중 하나이다. 맛소라 사본에서 끊어 읽게 한 부분을 있는 그대로 표시한 한글 번역본이 절실히 요구된다. 한글 성경은 심지어 운문도 산문처럼 번역하는데, 운문은 운율을 느낄 수 있도록 운문형태로 보여주어야 한다.

번역은 해석을 기초로 하지만, 원문에 없는 단어까지 덧붙이면 좋은 번역이 될 수 없다. 번역은 옮김이지 해설이 아니다. 하지만 모든 번역자는 해설하고 싶은 유혹을 받는다. 원문이 기록된 시대와 현대 사이의 간격이 너무 크기 때문이다. 그래서 그 둘 사이의 간격을 좁히기 위해, 종종 원문에 없는 단어를 집어넣는다. 그런 해설은 새로운 단어를 집어넣는 것으로 그치지 않는다. 특정 단어를 신학적으로 채색해서 번역하기도 한다. 어차피 한 단어에 한 의미만 들어 있지 않기 때문에, 문맥에 맞는 용례를 선택해야 한다. 이 과정에서 자신의 신학이나 번역 의뢰인의 의도에 맞게 번역하기 쉽다. 그러므로 본문 바깥에 별도의 주석이 달려 있는 직역 성경이 필요하다. 특히 관용적 표현들은 가능한 직역하고, 난외 주에 그 의미를 소개할 필요가 있다.

한글 구약 성경에 나오는 고유 명사 중 많은 경우가 신약 성경의 헬라어 표기를 따른다. 이를테면 헤벨은 아벨로, 하녹은 에녹으로, 쉬무엘은 사무엘로, 쉼숀은 삼손으로, 쉴로모는 솔로몬으로 표기되어 있다. 이는 신약 성경이 헬라어 구약 성경 70인 역의 영향을 받았기 때문이다. 전통적으로 성경 번역자들은 구약의 히브리어 고유명사를 헬라어로 음역한 신약 성경의 표기법을 따른다. 하나님의 이름도 엘, 엘로하, 엘로힘 모두 구분없이 하나님으로 통일한다. 70인 역의 영향은 단순히 고유명사 표기에 그치지 않는다. 기원 전 3세기에 살았던 70인 역의 번역자들이, 토라를 헬라 세계에 소개하기 위해 헬라인의 세계관을 접촉점으로 삼았기 때문이다. 라틴어 계열 구약 성경 번역본들의 뿌리는 70인 역이며, 서구 교회를 통해 성경을 받은 한국 교회도 여전히 70인 역의 영향 아래에 있다. 구약 성경을 번역할 때 고유명사만이라도 히브리 원문의 음가를 살릴 필요가 있다.

토라는 신 구약 성경에서 가장 많이 인용된 책이다. 그런 점에서 성경 전권의 뼈대라고 할 수 있다. 이미 예배용 한국어 공인역이 있지만, 히브리어 원문의 느낌으로 읽을 수 있는 스터디 버전의 사인역이 있어도 좋을 것이다. 이 책은 그런 목적으로 출간되었다. 아직 더 나은 번역을 위해 가야할 길이 멀지만, 원문과 현대 독자 사이의 간격을 좁힐 수 있다면 더 바랄 것이 없다. 더 나아가 배움이 일천한 번역자의 무모함에 용기를 얻어 원문 성경 읽기에 도전하는 사람들이 많아진다면 감사는 두 배가 될 것이다. 이 책이 나오기까지 토라 강의에 열성적으로 참여한 예슈아 성서연구원 가족들, 자신의 일처럼 출간에 힘써주신 박성철 간사님과 나필성 목사님, 히브리어 액센트 컬러링을 해주신 오주희 전도사님, 원고 교정의 수고를 마다하지 않으신 박은희 전도사님과 김 제니 자매님에게 특별한 감사를 표하고 싶다.

2022. 여름. 김 인철 목사

일러두기

1 원문: BHS 4를 대본으로 했다.

2 각 권의 제목: 기존 한글성경의 제목을 따르되, 히브리어 성경의 제목을 병기했다.

3 장 절의 표시: 기존 한글 성경의 장 절을 기준으로 하고, 히브리어 성경이 한글 성경과 달라지는 곳은 (   )로 표시했다.

4 운문 형식: 시가 형태의 운문은 평행법을 따라 행 구분을 했다.

5 고유명사: 인명과 지명은 외래어표기법에 따라 음역했다. 동물과 식물은 한글로 번역하되 각주에 음역한 이름을 달았다.

6 하나님의 이름: יהוה(YHWH)는 대용어로 발음하는 관습에 따라 주님이라는 의미의 '아도나이'로 바꾸었다. 다른 이름들은 음역하고 의미를 각주로 달았다. 대명사 혹은 관용적 표현인 경우 볼드 체로 바꾸었다.

7 원문에 없는 단어: 이해를 돕기 위해 작은 글씨로 삽입했다.

8 관용어: 본문에 직역하고 의미를 각주에 달았으며, 관용어 사전을 별도로 첨부했다.

9 존칭: 상황에 맞게 한글 존대어법을 사용했다.

10 구문: 히브리어 1급 분리 액센트가 있는 단어의 바로 뒤에 / 표시를 했다. 대개 한 절은 중간과 끝에 1급 분리 액센트가 있어서 두 부분으로 나누어진다. 2급 액센트로 문장이 끊어지는 곳도 마침표로 처리했다.

11 문장부호: 한글 맞춤법에 따른 문장부호를 사용했다.

12 감탄사: 감탄사를 독립 문장으로 처리했다.

13 각주: 원어나 관용어의 의미들을 밝혔다.

창세기 בְּרֵאשִׁית
베레쉬트

1 처음에 엘로힘이 창조하셨다./하늘
과 땅을./
2 땅은 폐허이자 불모지였고, 어둠이 깊
은 물[1] 위에/엘로힘의 영이[2] 수면 위
에 맴돌고 있었다./
3 엘로힘이 이르셨다. "빛이 있기를 원
한다"/그러자 빛이 있었다./
4 엘로힘이 그 빛을 보셨는데, 그것이
좋았다./엘로힘이 빛과 어둠 사이를
나누셨다./
5 엘로힘이 빛을 낮이라고 부르셨고[3],
어둠을 밤이라고 부르셨다./저녁이 있
었고, 아침이 있었다. 한 날[4]./
6 엘로힘이 이르셨다. "물 가운데 창공
이 있기를 원한다/그것이 물과 물 사
이를 나누어라"/
7 엘로힘이 창공을 만드셨다. **그**가 창공
아래의 물과 창공 위의 물 사이를 나
누셨다./그렇게 되었다./
8 엘로힘이 창공을 하늘이라고 부르셨
다./저녁이 있었고, 아침이 있었다.
둘째 날./
9 엘로힘이 이르셨다. "하늘 아래의 물
이 한 곳으로 모이기를 원한다. 그래
서 육지가 보여라"/그렇게 되었다./
10 엘로힘이 육지를 땅이라고 부르셨다.
그리고 모인 물[5]을 바다라고 부르셨
다./엘로힘이 보셨는데, 그것이 좋았다./
11 엘로힘이 이르셨다. "땅은 싹을 틔우
기 원한다. 씨를 씨뿌리는 채소와, 그
속에 씨가 있어 열매 맺는 과일나무를
종류대로 땅 위에"/그렇게 되었다./
12 땅이 씨를 씨뿌리는 채소의 싹을 종
류대로 나오게 했다. 그리고 씨가 그
속에 있어서 열매 맺는 과일나무를
종류대로/엘로힘이 보셨는데, 그것이
좋았다./
13 저녁이 있었고, 아침이 있었다. 셋째 날./
14 엘로힘이 이르셨다. "하늘의 창공에
등불들이 있기를 원한다. 낮과 밤 사
이를 나누도록/그것들이 표징들과 명
절들[6]과 날들과 해들이 되어라./
15 그것들이 하늘의 창공에서 땅 위를
비추는 등불들이 되어라"/그렇게 되
었다./
16 엘로힘이 두 개의 큰 등불들을 만드
셨다./큰 등불은 낮을 다스리고, 작은
등불은 밤을 다스리도록. 그리고 별들
을 만드셨다./
17 엘로힘이 그것들을 하늘의 창공에 두
셨다./땅 위를 비추도록./
18 낮과 밤을 다스리며, 빛과 어둠 사이

---

1 테홈　2 엘로힘의 바람　3 이름 지으셨고
4 첫째 날　5 미크뵈　6 정한 때들

를 나누도록./엘로힘이 보셨는데, 그
것이 좋았다./
19 저녁이 있었고, 아침이 있었다. 넷째 날./
20 엘로힘이 이르셨다. "물은 우글거리
는 생물들로 우글거려라./새는 땅 위
에서, 하늘의 창공 위에서 날아라"/
21 엘로힘이 큰 괴물들을 창조하셨다./
그리고 물에서 우글거리며 기어다니
는 모든 생물을 종류대로, 날개 있는
모든 새를 종류대로. 엘로힘이 보셨는
데, 그것이 좋았다./
22 엘로힘이 그들을 축복하며 이르셨
다./"새끼 낳고, 번성하고, 바닷물을
가득 채워라. 새는 땅에서 번성하기
원한다"/
23 저녁이 있었고, 아침이 있었다. 다섯
째 날./
24 엘로힘이 이르셨다. "땅은 생물을 종
류대로 내기를 원한다. 가축과 기는
것과 야생 동물을 종류대로."/그렇게
되었다./
25 엘로힘이 만드셨다. 땅의 야생동물을
종류대로, 가축을 종류대로, 흙에서
기는 모든 것을 종류대로./엘로힘이
보셨는데, 그것이 좋았다./
26 엘로힘이 이르셨다. "**우리**가 사람을
만들자. **우리**의 형상을 따라 **우리**의
모습대로/그들이 바다의 생선과 하늘
의 새와 가축과 모든 땅을, 땅 위에
기어다니는 모든 기는 것을 다스리게
하자"/
27 엘로힘이 **그**의 형상을 따라 사람을
창조하셨다. 엘로힘의 형상을 따라 그
를 창조하셨다./그들을 남자와 여자로
창조하셨다./
28 엘로힘이 그들을 축복하셨다. 엘로힘
이 그들에게 이르셨다. "자녀 낳고 번
성하고 땅을 가득 채우고 정복해라./
바다의 생선과 하늘의 새를, 땅에서
기는 모든 생물을 다스려라"/
29 엘로힘이 이르셨다. "보라! **내**가 너희
에게 온 지면의 씨를 씨뿌리는 모든
채소와, 그 속에 씨를 씨뿌리는 나무
열매가 들어 있는 모든 나무를 준다./
너희에게 음식이 될 것이다./
30 그리고 땅의 모든 야생 동물에게, 하
늘의 모든 새에게, 그 속에 생명이 있
어서 땅 위에서 기는 모든 것에게 모
든 녹색 채소를 먹이로"/그대로 되
었다./
31 엘로힘이 만드신 모든 것을 보셨다.
보라! 매우 좋았다./저녁이 있었고,
아침이 있었다. 여섯째 날./

2 하늘과 땅이 완성되었다. 그리고 그
들의 모든 군대가./
2 엘로힘이 **그**가 만드시던 **그**의 일을
일곱째 날에 완성하셨다./**그**가 만드시
던 **그**의 모든 일을 일곱째 날에 그치
셨다./
3 엘로힘이 일곱째 날을 축복하셨고, 그
것을 거룩하게[7] 하셨다./그 날에 엘
로힘이 만들려고 창조하시던 **그**의 모
든 일을 그치셨기 때문이다./
4 이것은 하늘과 땅이 창조되던 때의

7 구별되게

내력이다./아도나이[8] 엘로힘이 땅과
하늘을 만드시던 날에/
5 들의 어떤 덤불이든 아직 땅에 없었
고, 들의 어떤 채소든지 아직 나오지
않았다./아도나이 엘로힘이 아직 땅
위에 비가 내리게 하지 않으셨고, 땅
을 경작할 사람이 없었기 때문이다./
6 땅으로부터 샘물[9]이 올라왔다./그것
이 온 지면을 적셨다./
7 아도나이 엘로힘이 땅[10]의 티끌로 사
람을 빚으셨다. 그의 코에 **그**가 생명
의 숨결을 불어넣으셨다./그 사람이
생물이 되었다./
8 아도나이 엘로힘이 동쪽의 에덴에 동
산을 설치하셨다./**그**가 빚으신 그 사
람을 거기에 두셨다./
9 아도나이 엘로힘이 보기에 탐스럽고
먹기에 좋은 모든 나무가 그 땅에서
나게 하셨다./그리고 동산 가운데에
생명나무와 선과 악의[11] 지식 나무
가./
10 동산을 적시기 위해 강이 에덴으로부
터 나왔다./거기서부터 갈라져서 네
개의 머리들[12]이 되었다./
11 그 첫째의 이름은 피숀이다./거기에
금이 있는 하빌라 온 땅을 두른다./
12 그 땅의 금은 정금이다./거기에 브돌
라흐와 쇼함[13] 보석도 있다./
13 둘째 강의 이름은 기혼이다./쿠쉬 온
땅을 두른다./
14 셋째 강의 이름은 힛데켈[14]인데, 아
슈르 동쪽으로 흐른다./넷째 강은 프
랏[15]이다./
15 아도나이 엘로힘이 그 사람을 취하셨
다./**그**가 그를 에덴 동산에 정착시키
셨다. 노동[16]과 파수를 위해./
16 아도나이 엘로힘이 그 사람에게 명령
하여 이르셨다./"너는 동산의 모든 나
무를 먹어도 된다./
17 그러나 선과 악의 지식 나무는 먹지
말 것이다./그것을 먹는 그 날에 네가
반드시 죽을 것이기 때문이다"/
18 아도나이 엘로힘이 이르셨다. "그 사
람이 혼자 있는 것이 좋지 않다./**내**가
그를 위해 그의 맞은편에서 돕는 자
를 만들 것이다./
19 아도나이 엘로힘이 흙으로 들의 모든
야생동물을, 그리고 공중의 모든 새를
빚으셨다. 그것을 무엇이라고 부르는
지 보시기 위해 그 사람에게 데리고
오셨다./그 사람이 생물을 부르는 모
든 것이 그것의 이름이었다./
20 그 사람이 이름들을 불렀다[17]. 모든
가축과 하늘의 새, 들의 모든 야생동
물을./그러나 그 사람은 그의 맞은편
에서 돕는 자를 발견하지 못했다./
21 아도나이 엘로힘이 그 사람 위에 깊
은 잠을 떨어뜨리셔서, 그가 잠들었
다./**그**가 그의 갈비뼈 하나를 취하고,
살로 대신 메우셨다./
22 아도나이 엘로힘이 그 사람에게서 취
한 그 갈비뼈로 여자를 지으셨다[18]./
그가 그 사람에게 데리고 오셨다./

8 주님 9 안개 10 흙 11 좋음과 나쁨의
12 근원들 13 청금석 혹은 호마노 14 티그리스
15 유프라테스 16 섬김 17 지었다
18 지으셨다

23 그 사람이 일렀다.
"이는[19] 이번에는
내 뼈 중의 뼈
내 살 중의 살/
이는 여자로 불릴 것이다
이가 남자로부터 취해졌기 때문이다"/
24 그러므로 남자가 그의 아버지와 어머
니를 저버린다./그의 아내에게 달라붙
는다. 하나의 살덩이가 된다./
25 그 사람과 그의 아내 둘이 벌거벗었
다./하지만 그들은 부끄러워하지 않
았다./

3 아도나이 엘로힘이 만드신 들의 모든
야생동물 중에 뱀이 가장 영리했다./
그가 여자에게 물었다. "참으로 엘로
힘이 '동산의 모든 나무를 너희가 먹
지 말아라' 고 이르셨나?"/
2 여자가 뱀에게 대답했다./"동산의 나
무 열매를 우리가 먹을 수 있다/
3 그러나 동산 가운데에 있는 그 나무
열매는, 엘로힘이 이르셨다. '너희는
그것을 먹지 말 것이다. 그것을 건드
리지 말 것이다./죽지 않도록'"/
4 뱀이 여자에게 일렀다./"절대 죽지 않
는다./
5 왜냐하면 엘로힘이 알고 있기 때문이
다. 너희가 그것을 먹는 그 날에 너희
눈이 열려지는 것을./그래서 너희가
선과 악을 아는 신들처럼 되는 것을"/
6 여자가 보았는데, 그 나무가 먹기에
좋았고, 눈에 탐스러웠고, 그 나무가
지혜롭게 하도록 탐낼 만했다. 그래서
그녀가 그 열매를 따서 먹었다./그녀
가 함께한 남편에게도 주었는데, 그가
먹었다./
7 두 사람의 눈들이 열렸고, 그들이 벌
거벗었다는 것을 알았다./그들이 무화
과 나무 잎을 엮어 가리개를 만들었다./
8 그 날의 바람 불 때에 그들이 동산을
걸으시는 아도나이 엘로힘의 소리를
들었다./그 사람과 그의 아내가 아도
나이 엘로힘의 얼굴로부터[20] 그 동산
의 나무 가운데로 숨었다./
9 아도나이 엘로힘이 그 사람을 부르셨
다./**그**가 그에게 이르셨다. "네가 어
디 있느냐?"
10 그가 여쭈었다. "제가 동산에서 당신
의 소리를 들었습니다./제가 벗었기
때문에 두려워서 숨었습니다"/
11 **그**가 이르셨다. "네가 벗었다고 누가
네게 알렸느냐?/**내**가 네게 명령하여
먹기를 금지한 그 나무를 네가 먹었
느냐?"/
12 그 사람이 여쭈었다./"**당신**께서 제게
주셔서 함께하는 그녀가 그 나무를
제게 주었습니다. 그래서 제가 먹었습
니다"/
13 아도나이 엘로힘이 여자에게 이르셨
다. "네가 왜 이 짓을 했느냐?"/여자
가 여쭈었다. "뱀이 저를 꾀어서 제가
먹었습니다"/
14 아도나이 엘로힘이 뱀에게 이르셨다.
"네가 이 짓을 했기 때문에
네가 저주받는다

19 이 사람은 20 현존으로부터

모든 가축 중에 가장
들의 모든 야생동물 중에 가장/
너는 배로 다닐 것이고
너는 티끌을 먹을 것이다
네 삶의 모든 날 동안/
15 **내**가 적개심을 둔다
너와 여자 사이에
너의 씨와 여자의 씨 사이에/
그가 네 머리를 깨뜨릴 것이다
너는 그의 발꿈치를 깨뜨릴 것이다"/
16 **그**가 여자에게 이르셨다.
"내가 크게 늘릴 것이다
네 고통과 임신을[21]
네가 수고하여 자손을 낳을 것이다/
너는 남편을 갈망하지만
그가 너를 다스릴 것이다"
17 **그**가 아담에게 이르셨다. "네가 네
아내의 소리를 들었기 때문에, **내**가
네게 명령하여 '그것을 먹지 말라' 고
말한 그 나무를 네가 먹었다./
너 때문에 땅이 저주받는다
네가 수고함으로 그것을 먹을 것이다
네 삶의 모든 날 동안/
18 가시와 엉겅퀴가 네게로 나올 것이다/
너는 밭의 채소를 먹을 것이다/
19 네 코의 땀으로
네가 빵을 먹을 것이다.
네가 흙으로 돌아갈 때까지
네가 거기서 취해졌기 때문에/
네가 티끌이기 때문에
네가 티끌로 돌아갈 것이다"/
20 아담이 아내의 이름을 하와[22]라고 불
렀다./왜냐하면 그녀가 살아있는 모든
자의 어머니이기 때문이다./
21 아도나이 엘로힘이 아담과 그의 아내
를 위해, 가죽 반 코트들을 지어 입히
셨다./
22 아도나이 엘로힘이 이르셨다. "보라!
이 사람이 선과 악의 지식으로 **우리**
가운데 하나처럼 되었다./이제 그가
손을 내밀어 생명나무를 취하여 먹고
영원히 살지 못하도록 할 것이다"/
23 아도나이 엘로힘이 에덴 동산으로부
터 그 사람을 내보내셨다./그가 취해
졌던 땅을 경작하도록./
24 **그**가 그 사람을 쫓아내셨다./에덴 동
산 동쪽에 생명나무의 길을 지키기
위해 **그**가 케룹들과 빙빙 도는 불 칼
을 정착시키셨다./

4 그 사람이 그의 아내 하와를 알았다
[23]./그녀가 임신해서 카인을 낳았다.
그녀가 일렀다. "내가 아도나이와 함
께 남자를 얻었다"/
2 그녀가 출산하기를 계속해서 그의 형
제 헤벨을 낳았다./헤벨은 양 염소 떼
의[24] 풀을 뜯기는 자였고, 카인은 땅
을 경작하는 자였다./
3 날들이 얼마간 지나갔다./카인은 땅의
열매를 아도나이에게 선물로 가져왔
다./
4 헤벨 그도 양 염소떼의 첫 새끼들 중
에서, 그리고 그것들의 기름을 가져왔
다./아도나이가 헤벨과 그의 선물을

21 임신의 고통을 22 생명 23 성관계를 했다
24 작은 가축 떼의

주목하셨다[25]./
5 그러나 카인과 그의 선물은 주목하지
않으셨다./카인이 몹시 화를 냈다. 그
의 얼굴이 떨어졌다[26]./
6 아도나이가 카인을 향해 이르셨다./
"네가 왜 화를 내느냐?
네 얼굴이 왜 떨어졌느냐?/
7 네가 잘한다면 들림이 없겠느냐?[27]
네가 잘하지 않는다면
죄가[28] 입구를 향해 엎드리고 있다./
그것이 너를 갈망하지만
너는 그것을 다스릴 것이다./
8 카인이 그의 아우 헤벨에게 일렀다./
얼마 지나지 않아 그들이 들에 있었
다. 카인이 그의 아우 헤벨을 향해 일
어나서 그를 쳐죽였다./
9 아도나이가 카인에게 이르셨다. "네
형제 헤벨이 어디 있느냐?"/그가 여
쭈었다. "모릅니다. 제가 제 형제를
지키는 자입니까?"
10 **그**가 이르셨다. "네가 무슨 짓을 했
느냐?/네 형제의 피들의 소리가 땅으
로부터 **내**게 부르짖고 있다./
11 이제 너는 저주받는다./입을 열어 네
손에서부터, 네 형제의 피를 받은 땅
으로부터./
12 네가 땅을 경작해도, 땅이 계속해서
네게 힘을 주지 않기 원한다./너는 땅
으로부터 도망자와 떠돌이가 될 것
이다./
13 카인이 아도나이에게 여쭈었다./"제
형벌이 들어올리기에[29] 너무 큽니다./
14 보십시오! 오늘 **당신**께서 저를 지면
에서 쫓아내시면, 제가 **당신**의 얼굴로
부터 숨겨집니다./저는 땅에서 도망자
와 떠돌이가 될 것이며, 저를 발견하
는 자는 누구든지 저를 쳐죽일 것입
니다."/
15 아도나이가 그에게 이르셨다. "그러
므로 카인을 쳐죽이는 자는 누구든지
일곱 배 보복 당할 것이다."/아도나이
가 카인에게 표징을 주셨다. 그를 발
견하는 자는 누구도 그를 치지 못하
도록./
16 카인이 아도나이의 얼굴 앞으로부터
나갔다./그가 에덴 동쪽 놋 땅에 거주
했다./
17 카인이 그의 아내를 알았다. 그녀가
임신해서 하녹을 낳았다./그가 성을
쌓은 후에 그 성의 이름을 아들의 이
름대로 하녹이라고 불렀다./
18 하녹에게 이랏이 태어났고 이랏은 므후
야엘을 낳았다./므후야엘은 므투샤엘
을 낳았고 므투샤엘은 레멕을 낳았다./
19 레멕이 두 여인을 그의 아내로 취했
다. 하나의 이름은 아다였고 또 하나
의 이름은 찔라였다./
20 아다는 야발을 낳았다./그는 텐트에
거주하며 가축을 거느린 자의 조상이
었다./
21 그의 형제의 이름은 유발이었다./그
는 수금과 피리 잡는 모든 자의 조상
이었다./
22 찔라도 투발 카인을 낳았는데, 청동

25 받으셨다 26 실망했다. 27 용납되지 않겠느냐 28 속죄제가 29 용납하기에

과 철로 된 모든 기구를 날카롭게 하
는 대장장이였다./투발 카인의 누이는
나아마였다./
23 레멕이 그의 아내들에게 일렀다.
"아다와 찔라는 내 소리에 귀 기울이
시오.
레멕의 아내들은 내가 하는 말을 들
으시오./
내게 타박상을 입힌 사람을 내가 쳐
죽였소.
나를 멍들게 한 소년까지./
24 가인을 위한 보복이 7배이면/
레멕을 위해서는 70의 7배일 것이
오"/
25 아담이 다시 그의 아내를 알았다. 그
녀가 아들을 낳고 이름을 쉣이라고
불렀다./왜냐하면 "카인이 쳐죽인 헤
벨 대신 엘로힘이 다른 씨를 내게 두
셨다"고 했기 때문이다./
26 쉣 그에게도 아들이 태어났는데, 그
가 그의 이름을 에노쉬라고 불렀다./
그때에 아도나이의 이름으로 부르는
것이 시작되었다./

5 이것은 아담의 계보 책이다./엘로힘
이 사람을 창조하시던 날에, 엘로힘이
자신의 모습대로 그를 만드셨다./
2 **그**가 남자와 여자로 그들을 창조하셨
다./그들이 창조되던 날에 **그**가 그들
을 축복하셨고, 그들의 이름을 사람이
라고 부르셨다./
3 아담이 130세였다. 그가 자기 모습과
자기 형상대로 낳게 했다./그가 그의
이름을 쉣이라고 불렀다./
4 아담이 쉣을 낳게 한 후 800년의 날
들이 있었다./그가 아들들과 딸들을
낳게 했다./
5 아담이 살았던 모든 날들은 930년이
었다./그리고 그가 죽었다./
6 쉣이 105세였다./그가 에노쉬를 낳게
했다./
7 쉣이 에노쉬를 낳게 한 후 807년이
있었다./그가 아들들과 딸들을 낳게
했다./
8 쉣의 모든 날들은 912년이었다./그리
고 그가 죽었다./
9 에노쉬가 90세였다./그가 케난을 낳게
했다./
10 에노쉬가 케난을 낳게 한 후 815년
이 있었다./그가 아들들과 딸들을 낳
게 했다./
11 에노쉬의 모든 날들은 905년이었다./
그리고 그가 죽었다./
12 케난이 70세였다./그가 마할랄렐을
낳게 했다./
13 케난이 마할랄렐을 낳게 한 후 840
년이 있었다./그가 아들들과 딸들을
낳게 했다./
14 케난의 모든 날들은 910년이었다./그
리고 그가 죽었다./
15 마할랄렐은 65세이었다./그가 예렛을
낳게 했다./
16 마할랄렐이 예렛을 낳게 한 후 830
년이 있었다./그가 아들들과 딸들을
낳게 했다./
17 마할랄렐의 모든 날들은 895년이었

다./그리고 그가 죽었다./
18 예렛이 162세이었다./그가 하녹을 낳
게 했다./
19 예렛이 하녹을 낳게 한 후 800년이
있었다./그가 아들들과 딸들을 낳게
했다./
20 예렛의 모든 날들은 962년이었다./
그리고 그가 죽었다./
21 하녹이 65세이었다./그가 므투쉘라흐
를 낳게 했다./
22 하녹은 므투쉘라흐를 낳은 후 300년
을 엘로힘과 동행했다./그가 아들들과
딸들을 낳았다./
23 하녹의 모든 날들이 있었다./365년이
었다./
24 하녹이 엘로힘과 동행했다./엘로힘
이 그를 데려가셨기 때문에 세상에 없
었다./
25 므투쉘라흐가 187세이었다./그가 레
멕을 낳게 했다./
26 므투쉘라흐가 레멕을 낳게 한 후 782
년이 있었다./그가 아들들과 딸들을
낳게 했다./
27 므투쉘라흐의 모든 날들은 969년이
었다./그리고 그가 죽었다./
28 레멕이 182세이었다./그가 아들을 낳
게 했다./
29 그가 그의 이름을 노아흐[30]라고 부르
며 일렀다./"아도나이가 저주하신 땅에
서 이가 우리의 손으로 하는 일들과
고통으로부터 우리를 위로할 것이
다"/
30 레멕이 노아흐를 낳게 한 후 595년
이 있었다./그가 아들들과 딸들을 낳
게 했다./
31 레멕의 모든 날들은 777년이었다./그
리고 그가 죽었다./
32 노아흐가 500세가 되었다./노아흐가
쉠과 함과 예펫을 낳게 했다./

6 사람이 지면에서 번성하기 시작했을
때/그들에게서 딸들이 태어났다./
2 엘로힘의 아들들이 사람의 딸들을 보
았는데 그들이 아름다웠다./그들이 선
택한 자는 누구든지 아내로 삼았다./
3 아도나이가 이르셨다. "**내** 영이 영원
히 사람에게 머무르지[31] 않을 것이다.
왜냐하면 그도 살덩이기 때문이다./하
지만 그의 날은 120년이 될 것이다./
4 네필림들이 그 날들 동안 땅에 있었
다. 그리고 이후에도 엘로힘의 아들들
이 사람의 딸들에게 들어가서, 그녀들
이 그들을 위해 출산했다./그들은 옛
세상으로부터 이름을 떨친 사람들인
영웅들이다./
5 아도나이가 보셨다. 사람의 악이 땅에
가득함을./그가 마음으로 생각하는 의
도가 온종일 오직 악임을./
6 아도나이가 땅에 사람 만드신 것을
슬퍼하셨다./**그**가 마음으로 몹시 아파
하셨다./
7 아도나이가 이르셨다. "**내**가 창조한
사람을 지면에서 **내**가 지워 버릴 것
이다. 사람으로부터 동물까지, 기는
것까지, 그리고 하늘의 새까지./왜냐

30 휴식 31 판단하지

하면 **내**가 그것들을 만들었음을 슬퍼
하기 때문이다"/
8 그러나 노아흐는 아도나이의 눈에서
은혜를 얻었다./
9 이것은 노아흐의 계보이다. 노아흐는
의로운 사람이자 그의 세대에서 완전
했다./노아흐가 엘로힘과 함께 스스로
걸었다./
10 노아흐가 세 아들을 낳게 했다./쉠과
함과 예펫을./
11 땅이 엘로힘의 앞에서 부패되었다./
땅이 폭력으로 가득 채워졌다./
12 엘로힘이 땅을 보셨는데, 보라! 그것
이 부패되었다./왜냐하면 모든 살덩이
가 땅 위에서 자기의 길을 부패시켰
기 때문이다./
13 엘로힘이 노아흐에게 이르셨다. "모
든 살덩이의 끝이 **내** 앞에 왔다. 왜냐
하면 그들을 통해 폭력이 땅을 가득
채웠기 때문이다./보라! **내**가 그들을
땅과 함께 파멸시킬 것이다./
14 너는 너를 위해 고페르 나무로 방주
를 만들어라. 너는 그 방주에 방들을
만든다./너는 그것에 나무진으로 집과
밖을[32] 덮는다./
15 네가 그것을 이렇게 만들 것이다./그
방주의 길이가 300암마, 너비가 50
암마, 높이가 30암마이다./
16 너는 방주를 위해 창문을 내며, 위로
부터 1 암마 이내로 완성하고, 그 방
주의 입구를 옆에 두어라./아래 층 이
층 삼층으로 만들어라./
17 보라! **내**가 하늘 아래에서 생명의 기
운이 그 속에 있는 모든 살덩이를 파
멸시키기 위해 물의 홍수를 가져올
것이다./땅의 모든 것이 숨질 것이다./
18 그러나 **내**가 너와는 **나**의 언약을 세
운다./너는 네 아들들과 네 아내와 네
며느리들과 함께 방주로 들어가라./
19 모든 살덩이 중에서 각각의 생물을,
너와 함께 생명을 유지하게 하기 위
해 모두 둘씩 네가 방주에 데리고 갈
것이다./수컷과 암컷이다./
20 새가 그 종류대로, 가축이 그 종류대
로, 땅 위를 기는 모든 것이 그 종류
대로/각각 둘씩 생명을 보존하게 하
기 위해 너에게 올 것이다./
21 너는 먹을 수 있는 모든 음식을 너를
위해 취하고 너에게 모을 것이다./너
와 그들에게 음식이 될 것이다"/
22 노아흐가 행했다./엘로힘이 그에게 명
령하신 모든 것을 그가 그대로 행했
다./

7 아도나이가 노아흐에게 이르셨다.
"너와 네 온 집은 방주로 들어가라./
네가 이 세대에서 **내** 앞에서 의인임
을 **내**가 보았기 때문이다./
2 너는 모든 정결한 동물 중에서 일곱
일곱 남편과 아내[33]를 네게로 취할
것이다./정결하지 않은 동물 중에서
남편과 아내 둘씩./
3 하늘의 새 중에서도 일곱 일곱 수
컷과 암컷을./온 지면에 씨를 살리기
위해/

32 안과 밖을 33 일곱 쌍의 수컷과 암컷

4 왜냐하면 **내**가 7일 후에 40 낮과 40 밤, 땅 위에 비를 내릴 것이기 때문이다./**내**가 만든 모든 생물을 지면에서 **내**가 지워 버릴 것이다"/

5 노아흐가 행했다./아도나이가 명령하신 모든 것과 같이./

6 노아흐의 나이가 600세였다./물의 홍수가 땅 위에 있었다./

7 노아흐가 그의 아들들과 아내와 며느리들과 함께 방주로 들어갔다./홍수 물의 얼굴로부터.[34]/

8 정결한 동물 중에서, 정결하지 않은 동물 중에서/새 중에서, 땅 위를 기는 모든 것 중에서/

9 둘씩 둘씩 노아흐에게 그 방주로 수컷과 암컷이 왔다./엘로힘이 노아흐에게 명령하신 것과 같이./

10 7일이 지났다./홍수 물이 땅 위에 있었다./

11 노아의 생애 600년째 되던 해 둘째 달 그 달의 17일에./바로 그 날에 거대하고 깊은 물의 모든 샘들이 쪼개지고, 하늘의 창들이 열렸다./

12 비가 땅 위에 내렸다./40낮과 40밤./

13 실제 바로 그 날에 노아흐와 그의 아들들 쉠과 함과 예펫이 들어갔다./노아흐의 아내와 세 며느리들과 함께 방주에./

14 그들과 모든 야생 동물들이 그 종류대로, 모든 가축이 그 종류대로, 땅 위를 기는 모든 기는 것이 그 종류대로/모든 새 즉, 갖가지 날개 달린 모든 새가 그 종류대로./

15 그것들이 노아흐에게 방주로 나아왔다./둘씩 둘씩 그 속에 생명의 기운이 있는 모든 살덩이 중에서./

16 나아온 것들은 수컷과 암컷으로 모든 살덩이 중에서 왔는데, 엘로힘이 그에게 명령하신 것과 같았다./아도나이가 그의 뒤에서 닫으셨다./

17 홍수가 땅에 40일을 있었다./물이 불어나 방주를 들어올렸고, 그것이 땅에서 떠올랐다./

18 물이 넘쳤고, 땅 위에서 매우 불어났다./방주가 수면 위를 떠다녔다./

19 물이 땅 위에 매우 매우 넘쳤다./온 하늘 아래의 모든 높은 산들이 가려졌다./

20 물이 위로 15암마 더 넘쳤다./산들이 가려졌다./

21 모든 살덩이가 숨졌다. 땅 위에서 기는 것들, 새와 가축과 야생동물과 땅에서 우글거리는 모든 것들이./모든 사람이./

22 육지에서 코에 살아있는 영의 숨결이 있던 모든 것들이 죽었다./

23 **그**가 지면의 모든 생물을 지우셨다. 사람으로부터 동물과 기는 것과 하늘의 새까지 땅에서 지우셨다./그러나 노아흐와 그와 함께 방주에 있던 자만 남겨졌다./

24 물이 땅 위에 넘쳤다./150일./

8 엘로힘이 노아흐와 방주에 함께 있는 모든 야생 동물과 모든 가축을 기억

34 홍수 물에 앞서

하셨다./엘로힘이 바람으로 땅 위를
지나가게 하셨다. 물이 내려갔다./
2 깊은 물의 샘들과 하늘의 창들이 닫
혔다./하늘로부터 비가 그쳤다./
3 물이 땅으로부터 물러갔고, 계속해서
물러갔다./물이 150일 뒤에 줄어들었
다./
4 방주가 일곱째 달 그 달 17일에 쉬
었다[35]./아라랏 산들 위에서./
5 물이 열째 달까지 줄어들기를 계속했
다./열째 달 그 달 초하루에 산들의
봉우리가 보였다./
6 40일이 지났다./노아흐는 그가 만든
방주의 창문을 열었다./
7 그가 까마귀를 내보냈다./그것이 나가
서 땅 위의 물이 마르기까지 들락날
락했다./
8 그가 함께 있던 비둘기를 내보냈다./
지면의 물이 얼마나 줄었는지 보기
위해./
9 하지만 비둘기가 발바닥으로 쉴 곳을
발견하지 못하고 그에게 방주로 돌아
왔다. 온 지면의 물 때문이었다./그가
손을 내밀어 그것을 취하고 방주로
그에게 들어오게 했다./
10 그가 다른 7일을 더 기다렸다./그가
비둘기를 방주에서 다시 내보냈다./
11 저녁 때에 비둘기가 그에게 돌아왔다.
보라! 올리브 새 잎이 그 입에 있었
다./노아흐가 땅 위에서 물이 줄어들
었음을 알았다./
12 그가 다른 7일을 더 기다렸다./그가
비둘기를 내보냈다. 그런데 더 이상
비둘기가 그에게 돌아오기를 계속하
지 않았다./
13 601년 정월 그 달 초하루에 땅 위의
물이 말랐다./노아흐가 방주 뚜껑을
열었다. 보라! 지면에 물이 말랐다./
14 둘째 달 그 달 27일에/땅이 말랐다./
15 엘로힘이 노아흐에게 말씀하여 이르
시기를./
16 "너는 방주에서 나가라./너와 네 아
내와 네 아들들과 네 며느리들이 너
와 함께./
17 모든 살덩이 중에서 너와 함께 있는
생물 곧 새와 가축과 땅 위에서 기는
모든 기는 것을 너와 함께 데리고 나
가라./그것들이 땅에서 우글거리고 땅
위에서 새끼 낳고 번성할 것이다"/
18 노아흐가 나왔다./그의 아들들과 그
의 아내와 함께 있는 그의 며느리들
과 함께./
19 모든 동물, 모든 기는 것과 모든 새,
땅 위에서 움직이는 모든 것이/그들
의 종류에 따라 방주에서 나왔다./
20 노아흐가 아도나이를 위해 제단을 쌓
았다./정결한 모든 동물 중에서 그리
고 정결한 모든 새 중에서 취하여,
올라 제물들[36]이 제단에서 올라가게
했다./
21 아도나이가 진정시키는 향기를 맡으
셨고, 아도나이가 **그**의 마음에 이르셨
다. "**내**가 더 이상 사람때문에 땅을
저주하기를 계속하지 않을 것이다. 왜
냐하면 사람의 마음의 의도가 어릴

35 머물렀다 36 번제물들

때부터 악하기 때문이다./**내**가 행한
것처럼 모든 생물 치기를 더 이상 계
속하지 않을 것이다./
22 땅의 모든 날 동안/씨 뿌림과 거둠과,
추위와 더위와 여름과 겨울과, 낮과
밤이 그치지 않을 것이다"/

9 엘로힘이 노아흐와 그의 아들들을 축
복하셨다./그들에게 이르셨다. "자녀 낳
고 번성하고 땅을 가득 채워라/
2 너희에 대한 두려움과 놀람이 땅의
모든 야생동물과 하늘의 모든 새에게
있을 것이다./땅 위에서 기는 모든 것
과 바다의 생선들이 너희 손에 주어
졌다./
3 살아서 기는 모든 동물은 너희에게
음식이 될 것이다./녹색 채소처럼 모
두를 **내**가 너희에게 준다./
4 다만 살덩이를 생명이 그 속에 있는
피와 함께 먹지 말 것이다./
5 **내**가 너희 피 곧 생명의 피를 확실히
요구할 것이다. 모든 야생동물의 손에
서 **내**가 그것을 요구할 것이다./사람
의 손에서, 각 사람의 형제의 손에서
내가 사람의 생명을 요구할 것이다./
6 누구든지 사람의 피를 흘리면, 사람을
통해 그의 피가 흘려지게 될 것이다./
왜냐하면 엘로힘의 형상대로 **그**가 사
람을 만들었기 때문이다./
7 너희는 자녀 낳고 번성해라./땅에서
우글거리고 거기서 번성해라"/
8 엘로힘이 노아흐와 그와 함께 있는
아들들에게 이르셨다. 이르시기를,/
9 "보라! **내**가 **내** 언약을 너희들과 세
운다./너희 다음의 너희 씨와 더불어./
10 너희와 함께 있는 모든 생물들 곧 너
희와 함께 있는 새와 가축과 땅의 모
든 야생 동물들/방주에서 나오는 모
든 것으로부터 시작해서 땅의 모든
야생동물에 이르기까지./
11 **내**가 **내** 언약을 너희와 세운다. 다시
는 홍수 물로 모든 살덩이가 잘려지
지 않을 것이다./땅을 파멸시키기 위
한 홍수가 다시는 있지 않을 것이다"/
12 엘로힘이 이르셨다. "이것이 **나**와 너
희 사이에 그리고 너희와 함께 있는
모든 생물 사이에 **내**가 주는 언약의
표징이다./영원한 세대까지./
13 **내**가 **내** 활[37]을 구름 속에 둔다./이
것이 **나**와 땅 사이에 언약의 표징이
될 것이다./
14 **내**가 구름으로 땅 위를 덮을 때/구름
속에 그 활이 보일 것이다./
15 그러면 **내**가 **나**와 너희 사이의, 그리
고 모든 살덩이 곧 모든 생물 사이의
내 언약을 기억할 것이다./다시는 물
이 모든 살덩이를 파멸시키기 위한
홍수가 되지 않을 것이다./
16 그 활이 구름 속에 있을 것이다./**내**
가 보고 엘로힘과 모든 생물 곧 땅
위의 모든 살덩이 사이의 영원한 언
약을 기억할 것이다"/
17 엘로힘이 노아흐에게 이르셨다./"이
것이 **나**와 땅 위의 모든 살덩이 사이
에 **내**가 세운 언약의 표징이다"/

37 무지개

18 방주에서 나온 노아흐의 아들들은 쉠
과 함과 예펫이다./함은 크나안의 아
버지이다./
19 이들 셋은 노아흐의 아들들이다./이
들을 통해 온 땅에 흩어졌다./
20 노아흐가 땅의 사람[38]이 되기 시작했
다./그가 포도원을 설치했다./
21 그가 포도주를 마시고 술에 취했다./
그가 텐트 안에서 벌거벗었다./
22 크나안의 아버지 함이 그의 아버지의
벌거벗음을 보았다./그가 밖에서 그의
두 형제에게 알렸다./
23 쉠과 예펫이 겉옷을 취하여 두 사람의
어깨에 메었다. 그들이 뒷걸음으로 가
서 그들의 아버지의 벌거벗음[39]을 가
렸다./그들이 얼굴을 뒤로 하고 그들
의 아버지의 벌거벗음을 보지 않았다./
24 노아가 술에서 깨어났다./그가 그의
막내 아들이 그에게 행한 일을 알았다./
25 그가 일렀다.
"저주받으라 크나안이여./
종들의 종이
될 것이다 그의 형제들에게"/
26 그가 일렀다.
"찬송받으소서 아도나이시여
쉠의 엘로힘이시여./
크나안은 그[40]의 종이 되기를./
27 엘로힘이 예펫을 크게 하시기를
쉠의 텐트들에 정착하기를/
크나안은 그의 종이 되기를"/
28 홍수 후에 노아흐가 있었다./350년./
29 노아흐의 모든 날들은 950년이었다./
그리고 그가 죽었다./

10 이것은 노아흐의 아들 쉠과 함과
예펫의 계보이다./홍수 후에 그들의
아들들이 태어났다./
2 예펫의 아들들은 고메르와 마곡과 마
다이와 야봔과 투발이다./메쉑과 티라
스이다./
3 고메르의 아들들은/아쉬케나즈와 리
팟과 토가르마이다./
4 야봔의 아들들은 엘리샤와 타르쉬쉬
와/킷팀과 도다님이다.
5 이들로부터 그들의 땅에서 해변의 나
라들이 각자의 혀[41]에 따라 갈라졌
다./그들의 나라 안에서 가문들을 따
라./
6 함의 아들들은/쿠쉬와 미쯔라임과 풋
과 크나안이다./
7 쿠쉬의 아들들은 쓰바와 하윌라와 쌉
타와 라아마와 쌉트카이다./라아마의
아들은 쉬바와 드단이다./
8 쿠쉬가 니므롯을 낳았다./그는 땅에서
최초의 영웅이었다./
9 그는 아도나이 앞에서 사냥의 영웅이
다./그래서 '니므롯처럼 아도나이 앞
에서 사냥의 영웅이라고 일러진다./
10 그의 왕국의 시작[42]은 바벨이었고,
에렉과 아카드와 칼네였다./쉬나르 땅
에서./
11 그가 그 땅으로부터 앗슈르로 나아갔
다./니느웨와 르호봇 이르와 칼라흐를
세웠다./
12 그리고 니느웨와 칼라 사이에 레쎈을

38 농부 39 생식기 40 쉠 41 언어 42 머리

건축했다./그것은 큰 성이었다./
13 미쯔라임은 루딤과 아나밈과 르하빔
과 납투힘을 낳았다./
14 파트루씸과, 펠리쉬팀이 거기서부터
나온 카쓰루힘과, 캅토림을./
15 크나안은 맏아들 찌돈과 헷을 낳았다./
16 그리고 예부스 족속과 에모르 족속과
기르가쉬 족속을./
17 히브 족속과 아르가 족속과 씬 족속을./
18 아르봣 족속과 쯔말 족속과 하맛 족
속을./그 이후 크나안 족속의 가문들
이 흩어졌다./
19 크나안 족속의 영역은 찌돈에서부터
네가 그라르 쪽으로 가는 방향의 아
자까지이다./네가 스돔과 아모라와 아
드마와 쯔보임 쪽으로 가는 방향의
라샤아까지이다./
20 이들은 가문들과 혀들[43]에 따른 함의
자손이다./그들의 땅들과 나라들 안
에서./
21 쉠 그에게도 태어났다./에베르 모든
자손의 조상이자 장남 예펫의 형제./
22 쉠의 아들들은 엘람과 앗슈르와/아르
팍샷과 룻과 아람이다./
23 아람의 아들들은/우쯔와 훌과 게테르
와 마쉬이다./
24 아르팍샷은 쉘라흐를 낳았다./쉘라흐
는 에베르를 낳았다./
25 에베르에게 두 아들이 태어났다./한
명의 이름은 펠렉인데, 그의 시대에
땅[44]이 나뉘었기 때문이다. 그의 형제
의 이름은 욕탄이다./
26 욕탄은 알모닷과 쉘렙을 낳았다./하
짜르마뵛과 예라를/
27 하도람과 우잘과 디클라를/
28 오발과 아비마엘과 쉬바를/
29 오피르와 하빌라와 요밥을/이들은 모
두 욕탄의 아들들이다./
30 그들의 거주지는 메샤에서부터/네가
스파르로 가는 방향의 동쪽 산까지
이다./
31 이들은 가문들과 혀들에 따른 쉠의
아들들이다./그들의 땅들과 나라들을
따라서./
32 이들은 계보들과 나라들에 따른 노아
자손의 가문들이다./홍수 후에 이들
로부터 땅에서 나라들이 갈라졌다./

11 온 땅의 소리 말이 하나였다./하나
의 언어였다./
2 그들이 동쪽으로부터 이동하고 있을
때였다./그들이 쉬나르 땅에서 넓은
골짜기를 발견하고 거기에 거주했다./
3 그들이 각자 그의 친구에게[45] 일렀다.
"오라. 우리가 벽돌을 찍어 단단히 굽
자"/그들에게 벽돌이 돌이 되었다. 그
들에게 콜타르가 접착제가 되었다./
4 그들이 일렀다. "오라. 우리를 위해
그것의 꼭대기가 하늘에 있는 성과
탑을 쌓자. 우리가 우리의 이름을 퍼
뜨리자./우리가 온 지면 위에 흩어지
지 않도록"/
5 아도나이가 그 성과 그 탑을 보기 위
해 내려오셨다./사람의 아들들이 쌓는./
6 아도나이가 이르셨다. "보라! 모두가

43 언어들 44 세상 45 서로

한 백성이고 모두에게 소리 말이 하
나이다. 그래서 그들이 이것을 행하기 시
작했다./이제 그들이 행하려고 계획하
는 모든 것이 막아지지 않을 것이다./
7 오라. **우리**가 내려가자. 거기서 그들의
소리 말을 **우리**가 섞어 버리자./각자
가 친구의 말을 알아듣지 못하도록"/
8 아도나이가 그들을 거기로부터 온 지
면 위에 흩으셨다./그들이 그 성 쌓기
를 멈추었다./
9 그러므로 그 이름을 바벨이라고 불렀
다. 거기서 아도나이가 온 땅의 소리
말을 섞어 버렸기 때문이다./거기서부
터 아도나이가 그들을 온 지면에 흩
으셨다./
10 이것은 솀의 계보이다. 솀은 100세에
아르팍샷을 낳게 했다./홍수 후 2년에./
11 솀이 아르팍샷을 낳게 한 후 500년
을 살았다./그가 아들들과 딸들을 낳
게 했다./
12 아르팍샷이 35년을 살았다./그가 쉘
라흐를 낳게 했다./
13 아르팍샷은 쉘라흐를 낳게 한 후 403
년을 살았다./그가 아들들과 딸들을
낳게 했다./
14 쉘라흐가 30년을 살았다./그가 에베
르를 낳게 했다./
15 쉘라흐는 에베르를 낳게 한 후 403
년을 살았다./그가 아들들과 딸들을
낳게 했다./
16 에베르가 34년을 살았다./그가 펠렉
을 낳게 했다./
17 에베르는 펠렉을 낳게 한 후 430년
을 살았다./그가 아들들과 딸들을 낳
게 했다./
18 펠렉이 30년을 살았다./그가 르우를
낳게 했다./
19 펠렉은 르우를 낳게 한 후 209년을
살았다./그가 아들들과 딸들을 낳게
했다./
20 르우가 32년을 살았다./그가 쓰룩을
낳게 했다./
21 르우는 쓰룩을 낳게 한 후 207년을
살았다./그가 아들들과 딸들을 낳게
했다./
22 쓰룩이 30년을 살았다./그가 나호르
를 낳게 했다./
23 쓰룩은 나호르를 낳게 한 후 200년
을 살았다./그가 아들들과 딸들을 낳
게 했다./
24 나호르가 29년을 살았다./그가 테라
흐를 낳게 했다./
25 나호르는 테라흐를 낳게 한 후 190
년을 살았다./그가 아들들과 딸들을
낳게 했다./
26 테라흐가 70년을 살았다./그가 아브
람[46]과 나호르와 하란을 낳게 했다./
27 이것은 테라흐의 계보이다. 테라흐가
아브람과 나호르와 하란을 낳게 했
다./하란은 롯을 낳게 했다./
28 하란은 그의 아버지 테라흐의 얼굴
앞에서[47] 죽었다./그의 친척의 땅 우
르 카쓰딤에서./
29 아브람과 나호르가 그들의 아내들을

46 '아버지처럼 높다' 혹은 '하나님은 존귀하시다'
47 테라흐보다 먼저

취했다./아브람의 아내의 이름은 싸라
이[48]고, 나호르의 아내의 이름은 하
란의 딸 밀카인데, 하란은 밀카의 아
버지이자 이스카의 아버지이다./
30 싸라이는 불임이었다./그녀에게 자녀
가 없었다./
31 테라흐가 그의 아들 아브람을, 하란
의 아들이자 그의 손자인 롯을, 그의
며느리이자 그의 아들 아브람의 아내
싸라이를 취했다./그들이 함께 크나안
땅으로 가려고 우르 카쓰딤을 떠났다.
그들이 하란까지 와서 거기에 거주
했다./
32 테라흐의 날들은 205년이었다./테라
흐가 하란에서 죽었다./

12 아도나이가 아브람에게 이르셨다.
"너는 네게로 가라[49]. 네 땅과 네 친
척과 네 아버지의 집으로부터/**내**가
네게 보여줄 그 땅으로/
2 **내**가 너를 큰 나라로 만들 것이다
내가 너를 축복할 것이다
내가 네 이름을 크게 할 것이다/
너는 복이 되어라/
3 **내**가 축복할 것이다. 너를 축복하는
자를
내가 저주할 것이다. 너를 멸시하는[50]
자를/
그들이 복을 받을 것이다. 너를 통해
땅의 모든 가문들이"/
4 아도나이가 그에게 말씀하신 대로 아
브람이 갔다. 롯도 그와 함께 갔다./
아브람이 75세였다. 하란으로부터 나
갈 때./
5 아브람이 그의 아내 싸라이와 조카
롯과 그들이 모은 모든 재산과 그들
이 하란에서 얻은 사람들을 취했다./
크나안 땅으로 가기 위해 그들이 나
갔다. 그들이 크나안 땅에 들어갔다./
6 아브람이 그 땅을 통과했다. 쉐켐의
장소까지, 모레의 상수리나무[51]까지./
그때 크나안 사람이 그 땅에 있었다./
7 아도나이가 아브람에게 뵈어져 이르
셨다. "바로 이 땅을 네 씨에게 **내**가
줄 것이다"/그가 거기에 제단을 쌓았
다. 그에게 뵈어진 아도나이를 위해./
8 그가 거기에서 벧엘 동쪽의 산으로
옮겨 텐트를 쳤다./서쪽은 벧엘이었고
동쪽은 아이였다. 그가 거기서 아도나
이를 위해 제단을 쌓았고, 아도나이의
이름을 불렀다./
9 아브람이 이동했다. 네게브를 향해 계
속해서 이동했다./
10 그 땅에 굶주림이 있었다./아브람이
미쯔라임에 체류하기 위해 거기로 내
려갔다. 그 땅에 굶주림이 기승을 부
렸기 때문이다.
11 그가 미쯔라임에 들어가려고 가까이
갔을 때였다./그가 그의 아내 싸라이
에게 일렀다. "모쪼록! 보시오! 나는
당신이 용모가 아름다운 여인인 것을
알고 있소./
12 미쯔라임 사람들이 당신을 볼 때가
올 것이요. '이 여인이 그의 아내이다'

48 여왕 49 너의 길을 가라 50 저주하는
51 엘론

라고 이를 것이오./그리고 나를 쳐죽
이고 당신은 살릴 것이오./
13 모쪼록! 당신이 내 조카[52]라고 이르
시오./당신 때문에 내게 잘해주도록
하기 위해서요. 그러면 당신으로 인해
내 목숨이 살 것이오"/
14 아브람이 미쯔라임에 들어갔을 때였
다./미쯔라임 사람들이 그 여인을 보
았는데, 그녀는 매우 아름다웠다./
15 파르오[53]의 장관들이 그녀를 보았다.
그들이 파르오에게 그녀를 칭찬했다./
그 여인이 파르오의 집[54]으로 취해졌다./
16 그녀 때문에 그가 아브람에게 잘해주
었다./그에게 양 염소의 떼와 소와 나
귀들이 있었다. 그리고 남종들과 여종
들과 암 나귀들과 낙타들이./
17 아도나이가 파르오와 그의 집을 큰
재앙들로 치셨다./아브람의 아내 싸라
이의 일에 관해./
18 파르오가 아브람을 불러서 일렀다.
"네가 내게 왜 이런 짓을 했느냐? /
왜 내게 그녀가 네 아내라고 알리지
않았느냐?/
19 왜 그녀가 '내 조카입니다' 라고 일렀
느냐? 그래서 내가 그녀를 내 아내로
취했었다./자, 여기 네 아내가 있다. 그
녀를 취해라. 그리고 가라"/
20 파르오가 사람들에게 그에 관해 명령
했다./그들이 그와 그의 아내와 그의
모든 소유를 내보냈다./

13 아브람이 미쯔라임으로부터 올라갔
다. 그와 그의 아내와 모든 소유와 롯
도 함께 네게브로./
2 아브람이 매우 부유했다./가축과 은[55]
과 금으로./
3 그가 네게브를 떠나 벧엘까지 이동해
서 갔다./이전에 텐트를 쳤던 그 장소
까지, 벧엘과 아이 사이에 있는./
4 그가 이전에 제단을 쌓았던 그 장소
로 갔다./거기서 아브람이 아도나이의 이
름을 불렀다./
5 아브람과 동행하고 있는 롯에게도/양
염소의 떼와 소와 텐트들이 있었다./
6 그들이 함께 거주하는 것을 그 땅이
용납하지 못했다./그들의 재산이 많아
서 함께 거주할 수 없었기 때문이다./
7 아브람의 가축의 목자들과 롯의 가축
의 목자들 사이에 다툼이 있었다./그
때 크나안 사람과 프리즈 사람이 그
땅에 거주하고 있었다./
8 아브람이 롯에게 일렀다. "모쪼록 다
툼이 일어나지 않기를 바란다. 나와
너 사이에, 내 목자들과 네 목자들 사
이에./우리는 남자들이며 형제들[56]이
기 때문이다./
9 네 앞에 온 땅이 있지 않느냐? 모쪼
록 내 곁에서부터 갈라져라./만약 북
쪽이면, 내가 남쪽으로 갈 것이다. 만약
남쪽이면, 내가 북쪽으로 갈 것이다"/
10 롯이 그의 눈을 들어 야르덴 온 둘레
를 보았는데, 그곳은 모두 습지였다./
아도나이가 스돔과 아모라를 파멸시
키기 전이었다. 아도나이의 동산 같았

52 누이 53 콥트어, 큰 집 54 궁전 55 돈
56 친척들

고, 네가 쪼아르로 가는 방향의 미쯔
라임 땅과 같았다./
11 롯이 자신을 위해 야르덴 온 둘레를
택하고 동쪽으로 이동했다./그들이 갈
라졌다. 각자의 친척으로부터./
12 아브람은 크나안 땅에 거주했다./롯
은 그 둘레의 성들에 거주했는데, 스
돔까지 텐트를 옮겼다./
13 스돔 사람들은 해롭고 악했다./아도
나이에게 매우./
14 롯이 그와 함께한 데서 갈라진 후에,
아도나이가 아브람에게 이르셨다. "모
쪼록 네 눈을 들어라. 그리고 바라보
아라. 네가 있는 거기 그 장소로부터/
북쪽과 남쪽[57]과 동쪽과 서쪽[58]을./
15 네가 보고 있는 온 땅을 **내**가 네게
줄 것이기 때문이다./그리고 네 씨에
게 영원까지./
16 **내**가 네 씨를 땅의 티끌처럼 둘 것이
다./만약 누군가 땅의 티끌 세기가 가
능하다면, 네 씨도 세어질 것이다/
17 일어나 그 땅을 이리저리 길이와 너
비로 다녀봐라./**내**가 그것을 네게 줄
것이기 때문이다"/
18 아브람이 텐트를 옮겨 헤브론의 마므
레 상수리나무 숲에 와서 거주했다./
거기서 그가 아도나이를 위해 제단을
쌓았다./

14 쉬나르 왕 암라펠과 엘라사르 왕
아르욕과/엘람 왕 크도르라오메르[59]
와 고임 왕 티드알 시대에/
2 그들이 전쟁을 벌였다. 스돔 왕 베라
와 아모라 왕 비르샤와 더불어/아드
마 왕 쉬나브와 쯔보임 왕 쉠에베르
와 벨라 곧 쪼아르 왕과 더불어./
3 이들이 모두 씻딤 골짜기에서 연합했
다./그것은 염해이다./
4 그들이 12년 동안 크도르라오메르를
섬겼다./하지만 제 13년에 반역했다./
5 제 14년에 크도르라오메르와 그와 함
께 하는 왕들이 왔다. 그들이 아쉬트
롯 카르나임에서 라파 사람들을 쳤다.
그리고 함에서 주즈 사람들을/그리고
샤웨 키르야타임에서 에임 사람들을/
6 그리고 호르 사람을 그들의 산 쎄이
르에서/광야 곁의 에일 파란까지./
7 그들이 뒤돌아 카데쉬 곧 엔 미쉬팟[60]
쪽으로 갔다. 그리고 아말렉 사람의
온 들을 쳤다./심지어 하쯔쫀 타마르
에 거주하는 에모르 사람을./
8 스돔 왕이 나갔다. 그리고 아모라 왕
과 아드마 왕과 쯔보임 왕과 벨라 곧
쪼아르 왕이./그들이 씻딤 골짜기에서
그들과 맞서 전열을 가다듬었다./
9 엘람 왕 크도르라오메르와 고임 왕
티드알과 쉬나르 왕 암라펠과 엘라사
르 왕 아르욕에 맞서/네 왕들이 그 다
섯과./
10 씻딤 골짜기는 콜타르 구덩이들의 구
덩이들이었다. 스돔과 아모라의 왕이
도망치다가 거기에 빠졌다./남은 자
들이 산으로 도망쳤다./
11 그들이 스돔과 아모라의 모든 재산과

57 네게브 쪽 58 바다 쪽 59 신의 아들
60 판결의 샘

모든 양식을 취하여 갔다./
12 그들이 아브람의 조카 롯과 그의 재
산을 취하여 갔다./그는 스돔에 거주
하고 있었다./
13 도망한 자가 이브리 사람 아브람에게
와서 알렸다./그는 에모르 사람 마므
레의 상수리나무 숲에 정착하고 있었
다. 마므레는 에쉬콜의 형제이자 아네
르의 형제인데, 그들은 아브람 언약의
동맹자들이었다.
14 아브람이 그의 친척이 사로잡혔음을
들었다./그가 집에서 태어나고 훈련된
318명을 뽑았다. 그리고 단까지 뒤쫓
았다./
15 그는 그들을 대항해서 둘로 나누었다.
밤에 그와 그의 종들이 그들을 쳤다./
다메쉑 왼쪽[61]의 호바까지 뒤쫓았다./
16그가 모든 재산을 되찾았다./그의 형
제 롯과 그의 재산도 되찾았다. 여자
들과 백성도./
17 스돔 왕이 그를 맞으려고 나왔다. 그
가 크도르 라오메르를, 그리고 그와
함께 한 왕들을 치고 돌아온 다음에/
샤붸 골짜기 곧 왕의 골짜기로./
18 샬렘 왕 말키 쩨덱이 빵과 포도주를
내왔다./그는 엘 엘리욘의 사제였다./
19 그가 그를 축복하며 일렀다./
"엘 엘리욘의 아브람이 복을 받기를
하늘과 땅을 만드신/
20 엘 엘리욘이 찬송 받으시기를
네 적들을 네 손에 넘겨주신 분"/
그가 모든 것에서 십 분의 일을 그에
게 주었다./
21 스돔 왕이 아브람에게 일렀다./"사람
들은 내게 주고 재물은 네가 취해라"/
22 아브람이 스돔 왕에게 일렀다./"내가
하늘과 땅의 창조자이신 엘 엘리욘
아도나이에게 내 손을 듭니다[62]./
23 실 한 올부터 샌들 한 짝의 끈 하나
까지, 혹은 당신 소유의 어떤 것도 내
가 취하지 않겠습니다./ '내가 아브람
으로 부자가 되게 했다' 고 당신이 이
르지 못하도록./
24 오직, 청년들이 먹은 것은 내가 제외
합니다. 그리고 나와 동행한 남자들의
몫을./아네르, 에쉬콜, 마므레가 그들
의 몫을 취할 것입니다"/

15 이 일들 후에 아도나이의 말씀들이
환상 가운데 아브람에게 있었다. 이르
시기를/"아브람아, 두려워하지 말기
바란다. **나**는 네 방패이다. 네 삯[63]이
매우 많을 것이다"/
2 아브람이 여쭈었다. "내 주 아도나이
시여, 무엇을 제게 주시려고 합니까?
저는 자녀 없이 행하고 있습니다./그
래서 제 집 재산의 아들은[64] 다메쎅
엘리에제르 그 사람입니다"/
3 아브람이 여쭈었다. "보십시오! 아도
나이가 제게 씨[65]를 주지 않으셨습니
다./보십시오! 제 집의 아들[66]이 저를
상속하고 있습니다"/
4 보라! 아도나이의 말씀이 그에게 있
었다. 이르시기를 "이 사람 그가 너를

61 북쪽 62 맹세한다 63 전리품 64 상속자는
65 후손 66 종

상속하지 않을 것이다./오직 네 배에
서 나올 그가 너를 상속할 것이다"/
5 **그**가 그를 밖으로 나오게 하시고 이
르셨다. "모쪼록 하늘을 바라보아라.
그리고 별들을 세어보아라. 네가 그들
을 세기가 가능하다면"/**그**가 그에게
말씀하셨다. "이와 같이 네 씨가 있을
것이다"/
6 그가 아도나이를 믿었다./그래서 **그**가
이것을 그의 의로 생각하셨다[67]./
7 **그**가 그에게 이르셨다./"**나**는 바로 이
땅을 네게 주어 상속하도록 카스딤의
우르에서 너를 이끌어 낸 아도나이다"/
8 그가 여쭈었다./"내 주 아도나이시여,
제가 그것을 상속할 줄 무엇으로 알
게 됩니까?"/
9 **그**가 그에게 이르셨다. "**나**를 위해 3
년 된 암소와 3년 된 암염소와 3년
된 숫양을 취해라./그리고 멧비둘기와
어린 새를"/
10 그가 **그**를 위해 이 모든 것을 취하여
가운데를 두 쪽 냈다. 그 두 쪽 낸 것
을 한 부분이 다른 부분과 마주하게
두었다./그러나 새는 두 쪽 내지 않았
다./
11 맹금류가 사체들 위에 내려왔다./아
브람이 그것들을 쫓아냈다./
12 해가 지고 있었다. 깊은 잠이 아브람
위에 떨어졌다./보라! 무서움이, 큰
어둠이 그에게 떨어졌다./
13 **그**가 아브람에게 이르셨다. "너는 반
드시 알아라. 네 씨가 자기네 것이 아닌
땅에서 거류민이 될 것이다. 그들이 그
들을 섬길 것이며, 그들이 그들을 괴
롭힐 것이다./400년 동안./
14 그들이 섬길 그 나라를 **나** 역시 재판
할 것이다./그런 후에 그들이 큰 재산
을 가지고 나올 것이다./
15 너는 평온하게 네 조상에게 갈 것이
다./너는 흰머리의 좋은 때에 매장될
것이다./
16 그들은 넷째 세대에 여기로 돌아올
것이다./그때까지 에모르 사람의 범죄
가 가득 차지 않을 것이기 때문이다"/
17 해가 져서 짙은 어둠이 있었다./보라!
연기나는 화덕과 불타는 횃불이 이
조각들 사이로 지나갔다./
18 그 날에 아도나이가 아브람과 언약을
자르시고[68] 이르시기를./"네 씨에게
바로 이 땅을 **내**가 준다. 미쯔라임 강
으로부터 그 큰 강 프랏 강[69]까지"/
19 켄 사람과 크니즈 사람과 캇몬 사람을/
20 헷 사람과 프리즈 사람과 라파 사람을/
21 에모르 사람과 크나안 사람과 기르가
쉬 사람과 예부스 사람을" 준다/

16 아브람의 아내 싸라이는 그에게 자
녀를 낳지 못했다./그녀에게 미쯔라임
여인 여종이 있었다. 그녀의 이름은
하가르였다./
2 싸라이가 아브람에게 일렀다. "모쪼록
보십시오! 내가 출산하는 것을 아도
나이가 막으셨습니다. 모쪼록! 내 여
종에게 들어가십시오. 아마 그녀를 통
해 내가 세워질 것입니다"/아브람이

---

67 여기셨다　68 맺으시고　69 유프라테스 강

싸라이의 소리를 들었다./
3 싸라이가 그녀의 여종 미쯔라임 여인
하가르를 취했다. 아브람이 크나안 땅
에 거주한 지 10년이 지난 때였다./
그녀가 그녀의 남편 아브람에게 그녀
를 아내로 주었다./
4 그가 하가르에게 들어갔고, 그녀가 임
신했다./그녀가 임신했음을 보고[70],
그녀의 여주인을 눈으로 멸시했다./
5 싸라이가 아브람에게 일렀다. "나의
폭행을 당신이 당하기를! 내가 내 여
종을 당신의 가슴에 두었습니다. 그런
데 그녀가 임신했음을 보고 나를 눈
으로 멸시했습니다./아도나이가 당신과
나 사이를 재판하시기 원합니다"/
6 아브람이 싸라이에게 일렀다. "보시
오! 당신의 여종은 당신의 손 안에
있으니, 당신의 눈에 좋은 대로 그녀
에게 행하시오"/싸라이가 그녀를 괴
롭혔고, 그녀가 그녀의 얼굴로부터 도
망쳤다./
7 아도나이의 사자가 광야의 그 샘물
곁에서 그녀를 발견했다./슈르 길 그
샘[71] 곁에서./
8 **그**가 싸라이의 여종 하가르에게 일렀
다. "싸라이의 여종 하가르, 너는 어
디서 왔다가 어디로 가느냐?"/그녀가
대답했다. "저는 제 여주인 싸라이
의 얼굴로부터 도망치고 있는 중입
니다"/
9 아도나이의 사자가 그녀에게 일렀다.
"네 여주인에게 돌아가라./그녀의 손
아래에서 복종해라"/
10 아도나이의 사자가 그녀에게 일렀다.
"**내**가 네 씨를 아주 번성하게 하겠다./
많은 숫자를 누구도 셀 수 없을 것이다"/
11 아도나이의 사자가 그녀에게 일렀다.
"보라! 너는 임신했다
아들을 낳을 것이다./
너는 그의 이름을 이쉬마엘[72]이라고
부를 것이다.
아도나이가 네 고난을 들으셨기 때
문이다./
12 그는 들 나귀 같은 사람이 될 것이다.
그의 손이 모든 사람과 맞선다
모든 사람의 손이 그와 맞선다./
그가 모든 형제들의 얼굴 앞에[73] 정착
할 것이다"/
13 그녀가 자신에게 말씀하신 아도나이
의 이름을 "**당신**은 엘 로이[74]입니다"
라고 불렀다./그녀가 "내가 어떻게 여
기서도 나를 돌보시는 분을 보았는
가?"라고 일렀기 때문이다.
14 그러므로 그 샘 이름을 브에르 라하
이 로이[75]라고 불렀다./보라! 카데쉬
와 베렛 사이에 있다./
15 하가르가 아브람에게 아들을 낳았다./
하가르가 낳은 아들의 이름을 아브람
이 이쉬마엘이라고 불렀다./
16 아브람이 86세이었다./하가르가 아브
람에게 이쉬마엘을 낳은 때./

17 아브람이 99세였다./아도나이가 아
브람에게 뵈어졌고, 그에게 이르셨다.

70 알고 71 우물 72 엘(하나님)이 들으셨다
73 형제들의 동쪽에 74 나를 보시는 엘(하나님)
75 나를 보시는 살아 계신 분

"**나**는 엘 샷다이[76]다. 너는 **내** 앞에서
스스로 걸어라. 그리고 완전해라./
2 **내**가 **내** 언약을 **나**와 너 사이에 둔
다./**내**가 너를 매우 매우 풍성하게 할
것이다"/
3 아브람이 그의 얼굴을 대고 엎드렸
다./엘로힘이 그와 더불어 말씀하여
이르셨다./
4 "보라! **내** 언약이 너와 함께 있다./너
는 많은 나라들의 조상이 될 것이다./
5 더 이상 네 이름이 아브람으로 불러
지지 않을 것이다./네 이름은 아브라
함이다. **내**가 너를 많은 나라들의 조
상이 되게 하기 때문이다./
6 **내**가 너를 매우 매우 번창하게 할 것
이다. **내**가 너를 나라들이 되게 할 것
이다./왕들이 너로부터 나올 것이다./
7 **내**가 **내** 언약을 **나**와 너 그리고 네
뒤의 씨 사이에 대대로 영원한 언약
으로 세운다./너와 네 씨에게 엘로힘
이 되기 위해./
8 **내**가 너와 네 다음의 씨에게 네가 체
류하는 땅, 크나안 온 땅을 영원한 소
유지로 준다./**나**는 그들의 엘로힘이
될 것이다"/
9 엘로힘이 아브라함에게 이르셨다. "너
는 **내** 언약을 지켜야 한다./너와 네
다음의 네 씨가 대대로./
10 이것이 **나**와 너희와 네 다음의 씨 사
이에 너희가 지켜야 할 **내** 언약이다./너
희 모든 남자는 할례를 받아야 한다./
11 너희는 포피의 살을 잘라야 한다./이
것이 **나**와 너희 사이의 언약의 표징
이다./
12 너희 모든 남자는 대대로 8일째 할례
를 받아야 한다./집에서 태어났든지
외국인의 아들을 은[77]으로 샀든지, 네
씨가 아닌 자라도 누구나./
13 집에서 태어났든지 너희의 은으로 샀
든지 반드시 할례 받아야 한다./**내** 언
약이 너희 살에 있어서 영원한 언약
이 된다./
14 포피를 가지고 있는 남자, 포피의 살
이 잘려지지 않은 자는 백성으로부터
잘려진다./그는 **내** 언약을 깨뜨렸다"/
15 엘로힘이 아브라함에게 이르셨다.
"네 아내 싸라이는 네가 그녀의 이름
을 싸라이라고 부르지 말 것이다./그
녀의 이름은 싸라[78]이기 때문이다./
16 **내**가 그녀를 축복할 것이고, 그녀를
통해 네게 아들도 줄 것이다./**내**가 그
녀를 축복해서 나라들이 일어날 것이
다. 백성들의 왕들이 그녀로부터 있을
것이다"/
17 아브라함이 그의 얼굴을 엎드려 웃었
다./그가 마음으로 일렀다. "무슨 100
세 된 남자에게 태어나질까? 무슨 90
세 된 싸라가 출산할까?"/
18 아브라함이 엘로힘에게 여쭈었다./
"**당신** 앞에서 이쉬마엘이나 살면 좋
겠습니다"/
19 엘로힘이 이르셨다. "하지만 네 아내
싸라가 네게 아들을 낳을 것이다. 너
는 그의 이름을 이쯔학[79]이라고 불러

76 전능자 엘　77 돈　78 통치자

라./**내**가 **내** 언약을 그와 더불어 세울
것이다. 그의 다음에 오는 그의 씨에
게 영원한 언약이 될 것이다./
20 이쉬마엘에 대해서는 **내**가 너를 들었
다. 보라! **내**가 그를 축복할 것이며,
내가 그를 번창하게 하며, **내**가 그를
매우 매우 번성하게 할 것이다./그가
열 두 지도자를 낳을 것이며, **내**가 그
에게 큰 나라를 줄 것이다./
21 **내** 언약은 **내**가 이쯔학과 더불어 세
울 것이다./내년에 정한 그 때에 싸라
가 네게 낳을"/
22 **그**가 그와 더불어 말씀하기를 마치셨
다./엘로힘이 아브라함의 위로 올라가
셨다./
23 아브라함이 그의 아들 이쉬마엘을,
그의 집에서 태어난 모든 자를, 그의
은으로 산 모든 자를, 아브라함 집의
모든 남자를 취했다./그가 그들의 포
피 살을 잘랐다. 엘로힘이 그와 더불
어 말씀하신 실제 바로 그 날에./
24 아브라함이 99세였다./그가 그의 포
피 살을 잘라낸 때에./
25 그의 아들 이쉬마엘은 13세였다./그
가 그의 포피 살을 잘라낸 때에./
26 실제 바로 그 날에 아브라함이 할례
받았다./그리고 그의 아들 이쉬마엘이./
27 그의 집의 모든 남자들, 집에서 태어
났든지 은으로 외국인의 아들을 샀든
지/그들이 그와 함께 할례를 받았다./

18 아도나이가 마므레 상수리나무 숲
에서 그에게 뵈어졌다./그가 그 날 정
오[80] 무렵에 텐트 입구에 앉아 있었다./
2 그가 눈을 들어 보았다. 보라! 세 사
람이 그의 맞은 편에 서있었다./그가
보고 텐트 입구에서 달려가 맞이하고
땅에 엎드렸다[81]./
3 그가 일렀다./"제 주인이여, 모쪼록!
제가 당신 눈에서 은혜를 얻었다면,
모쪼록! 당신의 종을 지나쳐 가지 마
시기 바랍니다./
4 모쪼록! 물을 조금 가져오게 하셔서
당신들의 발을 씻으십시오./그리고 나
무 아래에 기대어 누우십시오./
5 제가 빵 한 조각을 내오겠습니다. 당
신들은 마음을 북돋우시고 지나가십
시오. 당신들이 당신들의 종의 맞은
편을 지나가고 있기 때문입니다"/그
들이 일렀다. "그렇게 네가 말한 대로
해라"/
6 아브라함이 서둘러 텐트로 사라에게
갔다./그가 일렀다. "서두르시오. 거
친 가루와 고운 가루 3스아를 반죽하
여 케이크를 만드시오"/
7 아브라함이 소떼로 달려갔다./그가 부
드럽고 좋은 송아지를 취하여 청년에
게[82] 주었다. 그가 그것을 서둘러 요
리했다./
8 그가 버터와[83] 우유와 요리한 송아지
를 가져와 그들 앞에 두었다./그들이
먹는 동안 그는 그들 곁에 나무 아래
에 서 있었다./
9 그들이 그에게 물었다. "네 아내 싸라

---
79 그가 웃었다 80 더위 81 인사했다.
82 종에게 83 요구르트

가 어디 있느냐?"/그가 대답했다. "보
십시오! 텐트안에 있습니다"/
10 그가 이르셨다. "내가 출산의 정한
때에 반드시 네게 돌아올 것이다. 보
라! 네 아내 싸라에게 아들이 있을
것이다"/싸라가 그의 뒤 텐트 입구에
서 듣고 있었다./
11 아브라함과 싸라가 늙고 나이가 많았
다./싸라에게는 여자들로서의 길이[84]
그쳤다./
12 싸라가 속으로 웃으며 일렀다./"늙은
지 오래되었는데 내게 기쁨이 있을
것인가? 내 주인[85]도 늙었는데"/
13 아도나이가 아브라함에게 이르셨다./
"싸라가 왜 이렇게 웃으며 '내가 정
말로 심지어 아들을 낳겠는가? 나는
늙었는데' 라고 말하느냐?
14 아도나이에게 비범한 일이 무엇이겠
느냐?/정한 때에 내가 네게 돌아올
것이고, 출산의 때에 싸라에게 아들이
있을 것이다"/
15 싸라가 거짓말하여 이르기를 "저는
웃지 않았습니다"고 했다. 그녀가 두
려웠기 때문이다./그가 이르셨다. "아
니다. 네가 웃었다"/
16 그 사람들이 거기에서 일어나 스돔
쪽을 바라보았다./아브라함은 그들을
전송하려고 그들과 함께 걸었다./
17 아도나이가 이르셨다./"내가 하려는
것을 아브라함에게 숨기겠느냐?/
18 아브라함은 크고 강한 나라가 될 것
이다./그를 통해 땅의 모든 나라가 복
을 받을 것이다./
19 참으로 내가 그를 알았다. 그가 그의
아들과 그의 다음의 그의 집에 명령
하게 하기 위해서이다. 그들이 아도나
이의 길을 지키고, 의와 공의를 행하
도록./아도나이가 아브라함에게 말씀하
신 것들을 가져오기[86] 위해서이다"/
20 아도나이가 이르셨다. "스돔과 아모
라의 부르짖음이 참으로 크다./참으로
그들의 죄가 매우 무겁다./
21 내가 이제 내려가서 볼 것이다. 결과
적으로 내게 들어온[87] 부르짖음과 같
이 그들이 행했는지/혹은 아닌지 내
가 알 것이다"/
22 그 사람들이 거기서 돌이켜 스돔 쪽
으로 갔다./아브라함은 계속해서 아도
나이 앞에 서 있었다./
23 아브라함이 다가가서 여쭈었다./"당
신께서 심지어 의인까지 악인과 함께
쓸어버릴 것입니까?/
24 혹시 그 성 가운데 의인 50명이 있어
도/심지어 그 장소를 쓸어버리고 용
서하지 않을 것입니까? 그 안의 의인
50명을 위해서라도./
25 당신에게 절대 있을 수 없습니다! 이
런 일을 행한다는 것은. 의인을 악인
과 함께 죽이고, 의인이 악인처럼 되
는 것은./당신에게 절대 있을 수 없습
니다! 온 땅의 재판관이 공의를 행하
지 않는 것은."/
26 아도나이가 이르셨다. "만일 내가 그
성 가운데서 의인 50명을 발견하면/

84 생리가 85 내 남편 86 성취하기
87 들린

그들 때문에 그 온 장소를 용서할 것
이다"/
27 아브라함이 대답하여 여쭈었다./"제
발 보십시오! 감히 제 주인께 말씀드
립니다. 저는 티끌이며 재입니다./
28 혹시 의인 50명에서 5명이 모자라면,
그 5명 때문에 온 성을 파멸시킬 것
입니까?"/그가 이르셨다. "만일 거기
서 45명을 발견하면 **내**가 파멸시키지
않을 것이다"/
29 그가 **그**에게 여전히 말하기를 계속해
서 여쭈었다. "혹시 거기서 40명이
발견되면?"/**그**가 이르셨다. "그 40명
때문에 **내**가 행하지 않을 것이다"/
30 그가 여쭈었다. "제발! 제 주인께서
화내지 마시기 바랍니다. 그러면 제가
말씀드리겠습니다. 혹시 거기서 30명
이 발견되면?"/**그**가 이르셨다. "거기
서 30명을 발견하면 **내**가 행하지 않
을 것이다"/
31 그가 여쭈었다. "제발 보십시오! 제
주인께 감히 말씀드립니다. 혹시 거기
서 20명이 발견되면?"/**그**가 이르셨다.
"그 20명 때문에 **내**가 파멸시키지 않
을 것이다"/
32 그가 일렀다. "제발! 제 주인께서 화
내지 마시기 바랍니다. 그리고 제가
이번만 말씀드리겠습니다. 혹시 거기
서 10명이 발견되면?"/**그**가 이르셨다.
그 10명 때문에 **내**가 파멸시키지 않
을 것이다"/
33 아도나이가 아브라함에게 말씀하시기
를 마치자마자 가셨다./아브라함도 그
의 장소로 돌아갔다./

19 두 사자가 저녁에 스돔에 들어왔
고, 롯은 성문에 앉아 있었다./롯이
보고 그들을 영접하기 위해 일어나서,
코를 땅에 대고 엎드렸다[88]./
2 그가 일렀다. "모쪼록! 보십시오! 내
주여, 당신들은 당신들의 종의 집으로
돌이키셔서 묵으시고 당신들의 발을
씻으십시오. 그리고 일찍 일어나 당신
들의 길을 가십시오./그들이 일렀다.
"아니다. 참으로 우리가 광장에서 묵
을 것이다"/
3 그가 그들을 몹시 밀어붙이자, 그들이
돌이켜 그의 집으로 들어왔다./그가
그들을 위해 마실 것을 만들고 무발
효 빵을 굽자 그들이 먹었다./
4 그들이 아직 눕지 않았다. 그 성의 사
람들 곧 스돔 사람들이 청년부터 노
인까지 그 집을 둘러쌌다./모든 백성
이 마지막 사람까지./
5 그들이 롯을 부르고 그에게 일렀다.
"이 밤에 네게 온 그 사람들이 어디
있느냐?/그들을 우리에게 나오게 해
라. 우리가 그들을 알려고[89] 한다"/
6 롯이 입구로 그들에게 나갔다./그가
뒤로 문을 닫았다./
7 그가 일렀다./"내 형제들, 제발! 악을
행하지 말기 바랍니다./
8 모쪼록! 보십시오! 내게 남자를 모르
는 두 딸이 있습니다. 제발! 내가 그
들을 당신들에게 나오게 하겠습니다.

88 인사했다 89 성 관계하려고

당신들의 눈에 좋은 대로 그들에게
행하십시오./오직 이 사람들에게는 아
무 짓도 하지 말기 바랍니다. 그들이
내 지붕 그림자[90] 안으로 들어왔기
때문입니다"/
9 그들이 일렀다. "물러서라" 그들이 일
렀다. "한 녀석이 체류하려 들어와서
정말로 재판하려 든다. 이제 우리가
그들보다 네게 더 악을 행할 것이다"/
그들이 그 사람 롯을 몹시 밀어붙이
며, 그 문을 부수려 다가왔다./
10 그 사람들이 손을 내밀어 롯을 집으
로 그들에게 들어오게 했다./그들이
문을 닫았다./
11 그들이 집의 입구에 있는 사람들을
작은 자부터 큰 자까지 눈 멂으로 쳤
다./그래서 그들이 입구를 찾느라 지
쳐버렸다./
12 그 사람들이 롯에게 일렀다. "여기에
누가 네게 더 있느냐? 사위나 네 아들
들이나 네 딸들이나 성 안의 네게 속
한 모두를/이 장소로부터 나가게 해라./
13 우리는 바로 이 장소를 파멸시키고
있다./아도나이의 얼굴 앞에 부르짖음
이 크다. 그래서 아도나이가 파멸시키
기 위해 우리를 보내셨다"/
14 롯이 나가서 그의 딸들을 취한[91] 사
위들에게 말했다. 그가 일렀다. "너희
는 일어나라. 바로 이 장소로부터 나
가라. 아도나이가 이 성을 파멸시키고
있기 때문이다"/그의 사위들 눈에는
그가 웃기고 있는 것 같았다./
15 새벽 무렵에 사자들이 롯을 재촉하며
일렀다./"일어나라. 찾아져 있는 네
아내와 두 딸들을 취해라. 이 성의 형
벌 가운데 휩쓸리지 않도록"/
16 그러나 그는 망설였다. 그러자 그 사
람들이 그의 손과 그의 아내의 손과
두 딸들의 손을 힘있게 했다. 아도나
이가 그에게 자비를 베푸신 것이다./
그들이 그를 성 밖으로 나가게 해서
쉬게 했다./
17 그들이 그들을 밖으로 나가게 했을
때 일렀다. "네 생명을 위해 도망쳐
라. 네 뒤를 보지 말기 바란다. 평지
어디든 서 있지도 말기 바란다./산으
로 도망쳐라. 네가 휩쓸리지 않도록"/
18 롯이 그들에게 일렀다./"제발! 제 주
인이여, 그러지 마십시오./
19 제발! 보십시오! 당신의 종이 당신의
눈에서 은혜를 얻었습니다. 제 생명을
살아있게 하기 위해, 저와 함께 있게
하신 당신의 자비를 크게 하십시오./
저는 산으로 도망칠 수 없습니다. 악이
제게 붙어서 제가 죽지 않기 위해./
20 제발! 보십시오! 바로 저 성은 거기
로 도망치기에 가깝고, 거기는 작기도
합니다./제발! 제가 거기로 도망치게
하십시오. 그 성은 작지 않습니까? 제
생명이 살 것입니다"/
21 그가 그에게 일렀다. "보라! 내가 이
일에도 네 얼굴을 들었다[92]./네가 말
한 그 성을 내가 엎어버리지 않을 것
이다./
22 서둘러라. 그리로 도망쳐라. 네가 거

90 보호 구역 91 정혼한 92 용납했다

기에 들어가기까지 내가 일을 할 수
없기 때문이다"/그러므로 그 성의 이
름을 쪼아르[93]라고 불렀다./
23 해가 땅 위로 올라왔다./롯은 쪼아르
로 들어갔다./
24 아도나이가 스돔과 아모라 위에 유황
과 불을 비 내리게 하셨다./아도나이
로부터 하늘로부터./
25 **그**가 그 성들과 온 둘레를 엎으셨다./
그 성들에 거주하는 모두와 땅의 싹
을./
26 그의 아내는 그들의 뒤를 보았다./그
녀가 소금 기둥이 되었다./
27 아브라함이 아침에 일찍 일어났다./
그가 아도나이의 얼굴 앞에 섰던 그
장소로 갔다./
28 그가 스돔과 아모라의 얼굴과 둘레의
온 지면 위를 바라보았다./그가 보았
다. 보라! 풀무의 연기처럼 땅의 연기
가 올라갔다./
29 엘로힘이 그 둘레의 성들을 파멸시키
셨을 때, 엘로힘이 아브라함을 기억하
셨다./**그**가 롯을 그 파멸시키는 가운
데서 내보내셨다. 롯이 거주하던 그
성들을 엎으시는 가운데서./
30 롯이 두 딸과 함께 쪼아르를 떠나 산
으로 올라가 거주했다. 그가 쪼아르에
거주하기를 두려워했기 때문이다./그
가 그곳의 동굴에서 그의 두 딸과 함
께 거주했다./
31 맏딸이 작은 딸에게 일렀다. "우리 아버
지는 늙으셨다./ 땅에는 세상의 길[94]을
따라 우리에게 들어올 남자가 없다./
32 오라. 우리 아버지로 포도주를 마시
게 해서 그와 동침하자./우리 아버지
를 통해 우리가 씨를 살리자"/
33 그 밤에 그들이 아버지로 포도주를
마시게 했다./맏딸이 들어가서 그녀의
아버지와 동침했다. 하지만 그는 그녀
가 눕는 것과 일어나는 것을 알지 못
했다./
34 다음 날이 되었다. 맏딸이 작은 딸에
게 일렀다. "보라! 어제는 내가 아버
지와 동침했다./오늘 밤에도 우리가
그로 포도주를 마시게 하고, 네가 들
어가 그와 동침해라. 우리 아버지를
통해 우리가 씨를 살리자"/
35 그들이 그날 밤에도 아버지로 술을
마시게 했다./그리고 작은 딸이 일어
나 그와 동침했다. 하지만 그는 그녀
가 눕는 것과 일어나는 것을 알지 못
했다./
36 롯의 두 딸이 그들의 아버지를 통해
임신했다./
37 맏딸이 아들을 낳았다. 그녀가 그의
이름을 모압[95]이라고 불렀다./오늘날
까지 모압의 조상이다./
38 작은 딸도 아들을 낳았다. 그녀가 그
의 이름을 벤 암미[96]라고 불렀다./오
늘날까지 암몬 자손의 조상이다.

20 아브라함이 거기서 네게브를 향해
이동했다. 카데쉬와 슈르 사이에 거주
했다./그가 그라르에 체류했다./

93 작은 곳 94 관습 95 아버지로부터
96 내 백성의 아들

2 아브라함이 그의 아내 싸라를 향해
"그녀는 내 조카이다"라고 일렀다./그
라르 왕 아비멜렉이 사람을 보내어
그녀를 취했다./
3 그 날 밤 꿈에 엘로힘이 아비멜렉에
게 오셨다./**그**가 그에게 이르셨다.
"보라! 네가 취한 이 여인 때문에 너
는 죽을 것이다. 그녀가 한 남편의 아
내이기 때문이다."
4 그런데 아비멜렉은 그녀를 가까이하
지 않았다./그가 여쭈었다. "제 주인
이시여, **당신**은 의로운 백성도 쳐죽일
것입니까?/
5 그가 제게 "그녀는 내 조카입니다"라
고 이르지 않았습니까? 그녀 역시
"그는 내 친척입니다"라고 일렀습니
다./ 저는 완전한 마음과 결백한 손바
닥으로 이것을 행했습니다"/
6 엘로힘이 꿈에 그에게 이르셨다. "**나**
도 네가 완전한 마음으로 이것을 행
한 줄 알았다. 그래서 **나**도 너를 막아
내게 죄 짓지 못하게 했다./그러므로
네가 그녀를 건드리도록 **내**가 두지
않았다./
7 자, 그 남자의 아내를 돌려주어라. 그
가 대언자이기 때문이다. 그가 너의
뒤에서[97] 중재할 것이니, 너는 살아
라./만약 그를 돌아가게 하지 않으면
너와 네게 속한 모두가 반드시 죽을
줄 알아라"/
8 아비멜렉이 아침에 일찍 일어나 모든
종들[98]을 불렀다. 그리고 그들의 귀에
이 모든 일들을 다 말했다./그 사람들
이 매우 두려워했다./
9 아비멜렉이 아브라함을 불러 그에게
일렀다. "네가 우리에게 왜 이 짓을
했느냐? 내가 네게 무슨 죄를 지었길
래, 나와 내 왕국에 큰 죄를 가져왔느
냐?/너는 내게 행해지지 말았어야 할
일을 했다"/
10 아비멜렉이 아브라함에게 물었다./
"네가 무엇을 보았길래[99] 이 같은 일
을 저질렀느냐?"/
11 아브라함이 대답했다. "내가 일렀습
니다. '오직 바로 이곳에는 엘로힘을
두려워함이 없기 때문에/내 아내의
일로 그들이 나를 쳐죽일 것이다'/
12 또한 그녀로 말하자면 내 조카이고
내 아버지의 손녀입니다. 하지만 내
어머니의 딸은 아닙니다./그러면서 내
아내가 되었습니다./
13 엘로힘이 나로 아버지의 집을 떠나
방랑하게 하셨을 때, 내가 그녀에게
일렀습니다. '이것이 당신이 내게 베
풀 당신의 자비요./우리가 들어가는
모든 곳마다 '그가 내 친척이다' 라고
이르시오' "/
14 아비멜렉이 양 염소의 떼와 소와 남
종들과 여종들을 취하여 아브라함에
게 주었다./그리고 그에게 그의 아내
싸라를 돌려주었다./
15 아비멜렉이 일렀다. "보라! 내 땅이
네 앞에 있다./네 눈에 좋은 대로 거
주해라"/
16 그리고 그가 싸라에게 일렀다. "보라!

97 너를 위해 98 신하들 99 알았길래

내가 은[100] 천 개를 네 친척에게 준
다. 보라! 그것이 너와 함께 있는 모
두에게 네 눈 가리개[101]이다./그래서
모든 것이 해결되었다"/
17 아브라함이 엘로힘에게 중재했다./엘
로힘이 아비멜렉과 그의 아내와 여종
들을 치료하셔서 그들이 출산했다./
18 왜냐하면 아도나이가 아비멜렉 집의
모든 자궁을 뒤에서 확실히 막으셨기
때문이다./아브라함의 아내 싸라의 일
로 인해./

21 아도나이가 이르신 대로 싸라를 찾
아오셨다./아도나이가 말씀하신 대로
싸라에게 행하셨다./
2 싸라가 임신하고 아브라함에게 그의
노년에 아들을 낳았다./엘로힘이 그에
게 말씀하신 그 정한 때에./
3 아브라함은 싸라가 낳아서 그에게 태
어난 아들의 이름을 이쯔학이라고 불
렀다./
4 아브라함은 그의 아들 이쯔학이 태어
난 지 8일째에 할례를 행했다./엘로
힘이 그에게 명령하신 대로/
5 아브라함이 100세였다./그의 아들 이
쯔학이 그에게 태어났을 때./
6 싸라가 일렀다. "엘로힘이 나를 웃음
거리로 만드셨다./듣는 모두가 나를
웃을 것이다"/
7 그녀가 일렀다. "누가 아브라함에게
이야기했겠는가? 싸라가 후손을 젖
먹일 것이라고./하지만 그의 노년에
내가 아들을 낳았다"/
8 그 아이가 자라서 젖을 떼었다./이쯔
학이 젖을 떼는 날에 아브라함이 큰
잔치를 열었다./
9 싸라가 보았다. 미쯔라임 여인 하가르
가 아브라함에게 낳은 아들이 놀고
있는 것을./
10 그녀가 아브라함에게 일렀다. "바로
이 여종과 그녀의 아들을 내쫓으세
요./바로 이 여종의 아들은 내 아들과
함께, 이쯔학과 함께 상속받지 못할
것이기 때문입니다"/
11 이 사건이 아브라함의 눈에 매우 악
했다[102]./그의 아들때문에./
12 엘로힘이 아브라함에게 이르셨다.
"네 소년에 관해, 네 여종에 관해 네
눈에 악하지 않기를 바란다. 싸라가
네게 이르는 그녀의 모든 소리를 들
어라./이쯔학을 통해서 네 씨라고 불
러질 것이기 때문이다./
13 하지만 그 여종의 아들도 **내**가 한 나
라로 둘 것이다./그가 네 씨이기 때문
이다"/
14 아브라함이 아침에 일찍 일어났다.
그가 빵과 물 한 가죽부대를 취하여
하가르에게 주고 그녀의 어깨에 두었
다. 그리고 그 아이와 함께 그녀를 내
보냈다./그녀가 가서 브에르 쉐바 광
야에서 방황했다./
15 가죽부대의 물이 떨어졌다./그녀는
그 아이를 한 덤불 아래에 내던졌다./
16 그녀가 화살 쏘는 거리[103]만큼 맞은

100 돈 101 배상금 102 마음에 번민이 되었다

편으로 가서 앉았다. 그녀가 일렀다.
"아이가 죽는 것을 내가 보지 않기
원한다"/그녀가 맞은 편에 앉아 소리
높여 울었다./
17 엘로힘이 소년의 소리를 들으시고,
엘로힘의 사자가 하늘로부터 하가르
를 불렀다./**그**가 그녀에게 일렀다.
"하가르야 무슨 일이냐?/너는 두려워
하지 말기 바란다. 엘로힘이 저기 있는
소년의 소리를 들으셨기 때문이다./
18 일어나라. 소년을 일으켜라. 네 손으
로 그를 힘있게 붙들어라./**내**가 그를
큰 나라로 둘 것이기 때문이다"/
19 엘로힘이 그녀의 눈을 열었고, 그녀
가 물 샘을 보았다/그녀가 가서 가죽
부대를 물로 가득 채웠고, 그 소년으
로 마시게 했다./
20 엘로힘이 그 소년과 함께 있었고, 그
가 자라났다./그가 광야에서 거주했는
데, 활을 잘쏘는 자였다.
21 그가 파란 광야에 거주했다./그의 어
머니가 미쯔라임 땅으로부터 그를 위
해 아내를 취했다./
22 그 때에 아비멜렉과 그의 군대 장관
피콜이 아브라함에게 일렀다./"엘로
힘이 네가 하는 모든 것과 함께하신
다./
23 이제 여기서 나와 내 자식과 후손에
게 거짓되게 행하지 않기를 엘로힘의
이름으로 맹세해라./내가 네게 베푼
자비대로, 내게 그리고 네가 체류하는
이 땅에 베풀 것이다"/
24 아브라함이 대답했다. "내가 맹세하
겠습니다"/
25 아브라함이 아비멜렉에게 따졌다./아
비멜렉의 종들이 우물을 빼앗은 이유
에 관해./
26 아비멜렉이 일렀다. "바로 그 짓을
누가 저질렀는지 나는 알지 못한다./
너도 내게 알리지 않았고, 나도 오늘
외에 듣지 못했다"/
27 아브라함이 양 염소의 떼와 소를 취
해서 아비멜렉에게 주었다./그들 둘이
언약을 잘랐다[104]./
28 아브라함이 양 염소의 떼에서 암 양
새끼 일곱을 따로 놓았다./
29 아비멜렉이 아브라함에게 물었다./
"왜 여기에 암 양 새끼 일곱을 따로
놓았는가?"/
30 그가 대답했다. "그 암 양 새끼 일곱
을 당신이 내 손에서 취하십시오./그
때문에 내가 바로 이 우물을 팠다는
증거가 될 것입니다"/
31 그러므로 그 장소를 브에르 쉐바[105]
라고 불렀다./거기서 둘이 맹세했기
때문이다./
32 그들이 브에르 쉐바에서 언약을 잘랐
다[106]./아비멜렉과 그의 군대 장관 피
콜이 일어나서 플레쉩 족속의 땅으로
돌아갔다.
33 그가 에쉘 나무를 브에르 쉐바에 심
었다./그가 거기서 영원하신 엘 아도
나이의 이름을 불렀다./
34 아브라함이 플레쉩 족속의 땅에서 많

103 약 300미터 104 맺었다.
105 맹세의 우물, 일곱 우물 106 맺었다.

은 날 동안 체류했다./

22 이 일들 후에 엘로힘이 아브라함을
시험하셨다./**그**가 "아브라함아"라고 부
르셨다. 그는 "제가 여기에 있습니다"
라고 대답했다./
2 **그**가 이르셨다. "모쪼록! 네가 사랑하
는 네 외아들 이쯔학을 취하여, 너는
모리아 땅으로 가라./**내**가 네게 이를
산들 중의 하나, 거기 위에서 그를 올
라 제물[107]로 올려라"/
3 아브라함이 아침에 일찍 일어났다. 수
나귀에 안장을 지우고, 그와 함께할
두 청년과 이쯔학을 취했다./올라 제
물의 나무를 쪼개고, 일어나 엘로힘이
그에게 이르신 그 장소를 향해 갔다./
4 셋째 날에 아브라함이 눈을 들어 그
장소를 멀리서 바라보았다./
5 아브라함이 그의 청년들[108]에게 일렀
다. "너희는 여기서 수나귀와 함께 앉
아 있어라. 내가 이 소년과 함께 우리
가 저기까지 가서 엎드리고[109]/우리가
너희에게 돌아올 것이다"/
6 아브라함이 올라 제물의 나무를 취하
여 그의 아들 이쯔학의 위에 두었다.
그는 손에 불과 도살용 칼을 들고/그
들 두 사람이 함께 갔다./
7 이쯔학이 "내 아버지여"라고 그의 아
버지 아브라함을 불렀다. 그가 대답했
다. "내가 여기 있다. 내 아들아"/그가
일렀다. "여기에 불과 나무는 있는데,
올라 제물을 위한 어린 양은 어디에
있습니까?"/
8 아브라함이 대답했다. "올라 제물의
어린 양은 엘로힘이 자기를 위해 보
실 것이다. 내 아들아"/그들 두 사람
이 함께 갔다./
9 그들은 엘로힘이 그에게 이르신 그
장소로 갔다. 거기서 아브라함이 제단
을 쌓고 나무들을 벌여 놓았다./그의
아들 이쯔학을 결박해서 제단 위의
나무들 위에 두었다./
10 아브라함이 손을 내밀어 도살용 칼을
잡았다./그의 아들을 잡기 위해./
11 아도나이의 사자가 하늘로부터 그를
불렀다. 그리고 일렀다. "아브라함아,
아브라함아"/그가 대답했다. "제가 여
기에 있습니다"/
12 **그**가 일렀다. "네 손을 그 소년에게
내밀지 말기 바란다. 그에게 아무것도
행하지 말기 바란다./이제 네가 참으
로 엘로힘을 경외하는 줄을 **내**가 알
았기 때문이다. 너는 네 아들, 네 외
아들을 **내**게 아끼지 않았다"/
13 아브라함이 눈을 들어 보았다. 보라!
뒤에서 숫양이 얽힌 가지에 뿔들이
붙잡혀 있었다./아브라함이 가서 그
숫양을 취하고, 그의 아들 대신 올라
제물로 올렸다./
14 아브라함이 그 장소의 이름을 '아도
나이 이르에'[110]라고 불렀다./그래서
오늘까지 '아도나이의 산에서 **그**가
뵈어진다[111]' 라고 일러진다.
15 아도나이의 사자가 아브라함을 불렀

107 번제물 108 남종들 109 경배하고
110 아도나이가 보신다 111 예라에

다./하늘로부터 두 번째로./
16 **그**가 일렀다. "**내**가 스스로 맹세한다.
아도나이의 선언하심이다./네가 바로
이 일을 행하고 네 아들, 네 외아들을
아끼지 않았기 때문에/
17 **내**가 반드시 네게 복을 주고 **내**가 네
씨를 아주 번성하게 할 것이다. 하늘
의 별들처럼, 해변의 모래처럼/네 씨
가 그의 적들의 성문을 차지할[112] 것
이다./
18 또 네 씨를 통해 세상의 모든 나라들
이 복을 얻을 것이다./네가 **내** 소리를
들은 결과이다"/
19 아브라함이 그의 청년들에게 돌아왔
다. 그들이 일어나 브에르 쉐바로 함
께 갔다./아브라함이 브에르 쉐바에
거주했다./
20 이 일들 후에 아브라함에게 전해졌다.
이르기를/"보십시오! 밀카도 당신의
형제 나호르에게 아들들을 낳았습니
다./
21 그의 맏아들 우쯔와 그의 형제 부즈/
그리고 아람의 아버지 크무엘과/
22 케셋과 하조와 필다쉬와 이들라프/그
리고 브투엘을 낳았습니다./
23 브투엘은 리브카를 낳았습니다./이들
은 밀카가 아브라함의 형제 나호르에
게 낳은 여덟 자녀입니다./
24 그리고 그의 첩의 이름은 르우마인데
/그녀도 테바흐와 가함과 타하쉬와
마아카를 낳았습니다"/

23 싸라의 생애는 127년이었다./싸라
의 삶의 햇수이었다./
2 싸라가 크나안 땅 헤브론, 키르얏 아
르바[113]에서 죽었다./아브라함이 싸라
를 위해 애곡하려고 왔다./
3 그가 죽은 자의 얼굴 앞으로부터 일
어났다./그가 헷 자손에게 말하여 일
렀다./
4 "나는 당신들과 함께 있는 거류민이
며 이주자입니다./당신들의 무덤 소유
지를 내게 주십시오. 그러면 내가 내
죽은 자를 내 앞으로부터 매장할 것
입니다"/
5 헷 자손이 아브라함에게 대답하여 일
렀다./
6 "내 주인이여, 우리를 들으십시오. 당
신은 우리 가운데서 엘로힘의 지도자
이십니다. 우리의 묘지들 중 선별하신
곳에 당신의 죽은 자를 매장하십시
오./우리 중 누구도 자기 묘지에 당신
에게서 당신의 죽은 자를 매장하지
못하게 하지 않을 것입니다"/
7 아브라함이 일어나 그 땅 백성 헷 자
손을 향해 엎드렸다./
8 그가 그들에게 말하여 이르기를/"만
약 내가 내 죽은 자를 내 앞으로부터
매장하게 하는 것이 당신들의 뜻이라
면, 당신들은 나를 듣고 나를 위해 쪼
하르의 아들 에프론을 만나주십시오./
9 그로 하여금 그의 밭 끝자락에 있는
막펠라 동굴을 내게 주기 원합니다./
그가 당신들 가운데서 가득한 은[114]
을 통해 무덤 소유지를 내게 넘겨주

112 상속할 113 네 도시 114 충분한 가격

기 원합니다"/
10 그때 에프론이 헷 자손 가운데 앉아
있었다./그 헷 사람 에프론이 헷 자손
의 귀에다, 성문으로 들어오는 모두에
게, 아브라함에게 대답하여 일렀다./
11 "아닙니다. 제 주인이여, 저를 들으십
시오. 그 밭을 제가 당신께 드리고, 그
안의 동굴도 제가 당신께 드립니다./
제 백성의 자손의 눈앞에서 그것을
당신께 드리니, 당신의 죽은 자를 매
장하십시오"/
12 아브라함이 그 땅의 백성 앞에서 엎
드렸다./
13 그가 그 땅 백성의 귀에다 에프론에
게 말했다. 이르기를 "하지만 당신이
나를 들으면 좋겠습니다./내가 그 밭
의 은을 드리니 내게서 받으십시오.
그러면 내가 내 죽은 자를 거기에 매
장하겠습니다"/
14 에프론이 아브라함에게 대답했다. 그
에게 이르기를/
15 "제 주인이여 저를 들으십시오. 땅은
은 400쉐켈입니다. 저와 당신 사이에
그것이 무엇입니까?/당신의 죽은 자
를 매장하십시오"/
16 아브라함이 에프론을 들었다. 그래서
아브라함은 그가 헷 자손의 귀에 말
한 은을 에프론에게 달아주었다./상인
에게 넘기고 있는 은 400쉐켈을./
17 마므레 앞 막펠라에 있는 에프론의
밭이 확정되었다./그 밭과 그 속의 동
굴과 그 밭을 경계로 둘러싼 모든 나
무를./
18 아브라함에게 속한 취득물로서 헷 자
손의 눈 앞에서./성문으로 들어오는
모든 자 가운데서./
19 그런 후에 아브라함이 아내 싸라를
헤브론 마므레 앞 막펠라 밭 동굴에
매장했다./크나안 땅에./
20 그 밭과 그 속의 동굴이 아브라함의
무덤 소유지로 확정되었다./헷 자손으
로부터./

24 아브라함이 늙었고 오래 살았다./아
도나이가 모든 일에 복을 주셨다./
2 아브라함이 그의 집 모든 일을 다스리
고 있는 늙은 종에게 일렀다./"모쪼록
네 손을 내 허벅지[115] 아래에 놓아라./
3 내가 너를 하늘의 엘로힘, 땅의 엘로
힘 아도나이로 맹세하게 할 것이다./
너는 내 아들을 위해 내가 그 가운데
서 거주하고 있는 크나안 사람의 딸
들 중에서 아내를 취하지 말아라./
4 오히려 너는 내 땅과 내 친척에게 가
라./내 아들 이쯔학을 위해 아내를 취
할 것이다"/
5 그 종이 그에게 말했다. "혹시 그 여
자가 저를 따라 이 땅으로 오기를 원
하지 않으면/당신이 나온 그 땅으로 당
신의 아들을 제가 반드시 돌아가게 할
까요?"/
6 아브라함이 그에게 일렀다./"너는 삼
가 내 아들을 거기로 돌아가게 하지
않도록 해라./
7 하늘의 엘로힘 아도나이가 내 아버지

115 생식기

의 집과 내 친척의 땅으로부터 나를
취하셨고, 나에게 말씀하시며, 맹세하
며 이르시기를 '네 씨에게 **내**가 바로
이 땅을 준다'고 하셨다./**그**가 **그**의
사자를 네 앞에 보내실 것이다. 너는
거기서 내 아들의 아내를 취할 것이
다./
8 만약 그 여자가 너를 따라오기를 원
하지 않는다면, 내 이 맹세로부터 너
는 자유롭게 된다./오직 내 아들을 거
기로 돌아가게 하지 말 것이다"/
9 그 종이 손을 그의 주인 아브라함의
허벅지 아래에 놓았다./그가 이 일에
대해 그에게 맹세했다./
10 그 종이 그의 주인의 낙타들 중에서
열 마리를 취해서 갔다. 그의 주인의
모든 좋은 것이 그의 손에 있었다./그
가 일어나 아람 나하라임[116]을 향해
나호르의 성으로 갔다./
11 그가 그 낙타들을 성 밖 우물 곁에
꿇어 앉혔다./저녁 때 물 긷는 여인들
이 나오는 때였다./
12 그가 일렀다. "제 주인 아브라함의 엘
로힘 아도나이시여, 제발! 오늘 제 얼
굴 앞에서 만나게 해주십시오./제 주
인 아브라함에게 자비를 베푸십시오"/
13 보십시오! 제가 우물 곁에 서 있겠습
니다./이 성 사람들의 딸들이 물 길으
러 나올 것입니다./
14 한 소녀가 있어서, 제가 그녀에게 이
르겠습니다. '모쪼록! 항아리를 기울
여 나로 마시게 해주세요'. 그 다음에
그녀가 '마시세요. 제가 당신의 낙타
들도 마시게 할 것입니다'라고 대답
한다면/**당신**께서 **당신**의 종 이쯔학을
위해 그녀를 결정하신 것입니다. 그리
고 그것으로 인해 **당신**께서 제 주인
에게 자비를 베푸신 것을 제가 알 것
입니다"/
15 그가 아직 말을 마치지 않았다. 보라!
아브라함의 형제 나호르의 아내 밀카
의 아들 브투엘에게서 태어난 리브카
가 나왔다./항아리를 그녀의 어깨에
메고/
16 그 소녀는 용모가 매우 아름다운 처
녀였고 남자를 몰랐다./그녀가 우물에
내려가서 항아리를 가득 채워 올라왔
다./
17 그 종이 그녀를 만나려고 달려왔다./
그가 일렀다. "모쪼록 당신의 항아리
의 물을 나로 조금 마시게 해주세요"/
18 그녀가 "제 주인이여, 마시세요"라고
대답했다./그녀가 서둘러 항아리를 손
에 내려 그가 마시게 해주었다./
19 그녀가 마시게 하기를 마쳤다./그녀
는 "당신의 낙타들을 위해서도, 그것
들이 마시기를 마칠 때까지 제가 물
을 길을 것입니다"라고 일렀다.
20 그녀가 서둘러 항아리를 구유에 비우
고, 물을 길으려고 다시 우물로 달려
갔다./그녀가 그의 모든 낙타를 위해
물을 길었다./
21 그 사람이 그녀를 주목했다./그는 아
도나이가 그의 길을 성공하게 하신
것인지 아닌지 알기 위해 침묵하고

116 두 강의 아람 즉, 메소포타미아

있었다./
22 낙타들이 마시기를 마쳤을 때 그는
1베카 무게의 금 코걸이 한 개를 취
했다./그리고 10쉐켈 무게의 금 팔찌
한 쌍을 그녀의 두 손에 채웠다./
23 그가 일렀다. "모쪼록! 당신이 누구의
딸인지 내게 알려주세요./당신 아버지
의 집에 우리가 묵을 장소가 있습니
까?"/
24 그녀가 그에게 대답했다. "저는 브투
엘의 딸입니다/밀카가 나호르에게 낳
은 아들"/
25 그녀가 그에게 일렀다. "짚도 사료도
우리에게 많습니다/묵으실 장소까지"/
26 그 사람이 무릎을 꿇고 아도나이에게
엎드렸다.[117]/
27 그가 일렀다. "제 주인에게서 자비와
성실을 저버리지 않으신, 제 주인 아
브라함의 엘로힘 아도나이를 송축합
니다./저는 아도나이가 제 주인의 형
제의 집으로 이끄신 길에 있습니다"/
28 그 소녀가 달려가서 그녀의 어머니의
집에 알렸다./이 일들을./
29 리브카에게 오빠가 있었는데, 그의
이름은 라반이었다./라반이 밖에 있는
그 사람에게 우물을 향해 달려갔다./
30 그가 코걸이와 누이의 손의 팔찌를
본 대로, 누이 리브카가 이르기를 '그
사람이 내게 이렇게 말했다'고 들은 대
로/그가 그 사람에게 갔다. 보라! 우물
곁에 낙타들 곁에 그가 서있었다./
31 그가 말했다. "들어오십시오. 아도나
이에게 복을 받은 분이여,/왜 밖에 서
있습니까? 제가 집과 낙타를 위한 장
소를 준비했습니다"/
32 그 사람이 집으로 가서 낙타들을 풀
었다./그는 낙타들에게 짚과 사료를
주고, 그의 발과 그와 함께 한 사람들
의 발 씻을 물을 주었다./
33 그가 그의 앞에 음식을 차렸다. 그가
일렀다. "제가 제 일들을 말하기까지
먹지 않겠습니다"/그가 말했다. "말씀
하십시오"/
34 그가 일렀다./"저는 아브라함의 종입
니다./
35 아도나이가 제 주인을 매우 축복하셔
서 그가 크게 되었습니다./그에게 양
염소의 떼와 소와 은과 금과 남종들
과 여종들과 낙타들과 나귀들을 주셨
습니다./
36 제 주인의 아내 싸라가 늙은 이후에
제 주인에게 아들을 낳았습니다./그가
그에게 모든 소유를 주었습니다./
37 제 주인이 저로 맹세하게 하고 일렀
습니다./ '너는 내가 거주하고 있는
땅 크나안 사람의 딸들 중에서 내 아
들의 아내를 취하지 말아라./
38 오히려 내 아버지의 집으로 내 가문
으로 가서/내 아들의 아내를 취해라' /
39 그래서 제 주인에게 제가 일렀습니
다./ '아마 그 여자가 저를 따라오지
않을 것입니다' /
40 그가 제게 일렀습니다./ '내가 **그**의
얼굴 앞에서 걸어간 아도나이가 시지
를 **그**가 네게 보내어 네 길을 성공하

117 경배했다

게 하실 것이다. 내 아버지의 집 중에
서 내 가문 중에서 내 아들의 아내를
취해라./
41 네가 내 가문에 가기만 해도 내 맹세
로부터 너는 자유롭게 된다./그들이
네게 주지 않는다 해도 너는 내 맹세
로부터 결백할 것이다'/
42 그래서 제가 오늘 우물에 왔습니다./
제가 일렀습니다. '제 주인 아브라함
의 엘로힘 아도나이시여, 제발! 만약
제가 가고 있는 길을 성공하게 하고
있으시다면/
43 보십시오! 제가 우물 곁에 서있겠습니
다./처녀가 물길으러 나오면 제가 그
녀에게 이르겠습니다. '모쪼록 항아리
의 물을 나로 조금 마시게 해주세요'/
44 그녀가 제게 이르기를 '당신도 마시
고 당신의 낙타를 위해서도 제가 물
을 긷겠습니다' 라고 하면/그녀는 아
도나이가 제 주인의 아들을 위해 정
하신 여자입니다./
45 제가 아직 제 마음으로 말하기를 마
치지 않았습니다. 보십시오! 리브카가
항아리를 어깨에 메고 나와서 우물로
내려가 물을 길었습니다./제가 그녀에
게 말했습니다. '모쪼록 나로 마시게
해주세요'/
46 그러자 그녀가 서둘러 항아리를 그녀
의 위에서 내리며 말했습니다. '마시
세요. 제가 당신의 낙타들도 마시게
하겠습니다'/제가 마시자 그녀가 낙
타들도 마시게 했습니다./
47 제가 그녀에게 물으며 일렀습니다.
'당신은 누구의 딸입니까?' 그녀가
대답했습니다. '밀카가 나호르에게 낳
은 아들 브투엘의 딸입니다'/그래서
제가 코걸이를 그녀의 코에 끼우고,
팔찌들을 그녀의 손에 채웠습니다./
48 그리고 아도나이에게 무릎을 꿇고 엎
드렸습니다./저를 참된 길로 이끌어,
제 주인의 형제의 딸을 그의 아들을
위해 취하게 하신, 제 주인 아브라함
의 엘로힘 아도나이를 송축했습니다./
49 자, 만약 당신들이 자비와 성실로 제
주인에게 행하겠다면 제게 알려주십
시오./만약 그렇지 않더라도 제게 알
려 주십시오. 제가 오른쪽이나 왼쪽으
로 돌이킬 것입니다[118]"/
50 라반과 브투엘이 대답하여 일렀다.
"이 일은 아도나이로부터 나왔습니
다./우리는 당신에게 좋다 나쁘다 말
할 수 없습니다./
51 보십시오! 리브카가 당신 앞에 있으
니, 취하여 가십시오./아도나이가 말
씀하신 대로 당신의 주인의 아들의
아내가 되게 하기를 원합니다"/
52 아브라함의 종이 그들의 말을 들었을
때/ 그가 아도나이에게 땅에 엎드렸
다./
53 그리고 그 종이 은 패물과 금 패물과
의복들을 꺼내 리브카에게 주었다./그
녀의 오빠와 어머니에게도 귀중품을
주었다./
54 그가 그와 함께 한 사람들과 먹고 마
시고 묵었다./아침에 일어나 그가 일

118 다른 곳으로 가겠습니다

렀다. "당신들은 저를 제 주인에게 보
내 주십시오"/
55 그녀의 오빠와 어머니가 일렀다. "소
녀가 날들 혹은 10[119]을 우리와 함께
머물기 원합니다./당신은 그 후에 갈
것입니다"/
56 그가 그들에게 일렀다. "당신들이 저
를 붙잡지 않기 바랍니다. 아도나이가
제 길을 성공하게 하셨습니다./당신들
은 저를 보내 주십시오. 제가 제 주인
에게 가겠습니다"/
57 그들이 일렀다. "우리가 소녀를 부르
겠습니다./우리가 그녀의 입에 물어보
겠습니다"/
58 그들이 리브카를 불러 그녀에게 일렀
다. "네가 바로 이 사람과 함께 가겠
느냐?"/그녀가 대답했다. "제가 가겠
습니다"/
59 그들이 누이 리브카와 그녀의 유모를
보냈다./아브라함의 종과 그의 사람들
을 보냈다./
60 그들이 리브카를 축복하며 그녀에게
일렀다.

"우리의 누이여
너는 되어라
수천만이/
네 씨가 차지할 것이다.
그를 미워하는 자들의[120] 성문을/"

61 리브카와 소녀들이 일어나 낙타를 타
고 그 사람을 따라갔다./그 종이 리브
카를 데리고 갔다./
62 이쯔학이 브에르 라하이 로이의 입구
에서 돌아왔다./그는 네게브에 거주하
고 있었다./
63 이쯔학이 묵상하려고 저녁으로 바뀔
때[121]에 들로 나갔다./그가 눈을 들어
보았다. 보라! 낙타들이 오고 있었다./
64 리브카가 눈을 들어 이쯔학을 보았
다./그녀가 낙타에서 떨어졌다[122]./
65 그녀가 종에게 일렀다. "우리를 맞으
려고 들에서 걸어오고 있는 저 사람
은 누구입니까?" 그 종이 일렀다. "제
주인입니다"/그녀가 베일을 취하여
스스로 가렸다./
66 그 종이 이쯔학에게 이야기했다./그
가 행했던 모든 일들을./
67 이쯔학이 그녀를 그의 어머니 싸라의
텐트로 데리고 갔다. 그가 리브카를
취하여 아내로 삼고 사랑했다./그가
그의 어머니 장례 이후에 위로를 받
았다./

25 아브라함이 다시 아내를 취했는데,
그녀의 이름은 크투라였다./
2 그녀가 그에게 짐란과 욕샨과 므단과
미디얀을 낳았다./이쉬박과 쉬아흐
를./
3 욕샨은 쉬바와 드단을 낳았다./드단의
자손은 앗슈르 사람들과 르투쉬 사람
들과 르움미 사람들이었다./
4 미디얀의 아들들은 에파와 에페르와
하녹과 아비다와 엘다아였다./이들 모
두는 크투라의 자손이었다./
5 아브라함이 이쯔학에게 자기의 모든

119 1년 혹은 10달을 120 그의 적들의
121 해질 때 122 내렸다

것을 주었다./
6 그리고 아브라함의 첩들의 아들들에
게는 아브라함이 선물들을 주었다./그
들을 자기 아들 이쯔학으로부터 내보
냈다. 그가 아직 살아 있을 때, 동쪽
방향으로 동쪽 땅을 향해./
7 이것이 아브라함이 살았던 햇수이
다./ 175년./
8 아브라함이 숨을 거두고 죽었다. 흰머
리의 좋은 때에, 늙고 만족스러운 때
에./그가 그의 백성에게 모아졌다[123]./
9 그의 아들 이쯔학과 이쉬마엘이 그를
막펠라 동굴에 매장했다./마므레 앞에
있는 쪼하르의 아들 헷 사람 에프론
의 밭에./
10 아브라함이 헷 자손에게서 샀던 밭/
거기에 아브라함과 그의 아내 싸라가
매장되었다./
11 아브라함이 죽은 후에, 엘로힘이 그
의 아들 이쯔학을 축복하셨다./이쯔학
은 브에르 라하이 로이 근처에 거주
했다.
12 이것이 아브라함의 아들 이쉬마엘의
계보이다./싸라의 여종 하가르가 아브
라함에게 낳은./
13 이것은 그들의 계보의 이름에 따른
이쉬마엘의 아들들의 이름들이다./이
쉬마엘의 맏아들 느바욧과 케다르와
아드브엘과 밉쌈과/
14 미쉬마와 두마와 마싸와/
15 하닷과 테마와 예투르와 나피쉬와 케
드마이다./
16 이들이 이쉬마엘의 아들들이고, 이들
이 마을들과 요새들에 따른 그들의
이름들이다./그들은 종족대로 12지도
자였다./
17 이것이 이쉬마엘이 살았던 햇수인데,
137년이었다./그가 숨을 거두고 죽어
그의 백성에게 모아졌다./
18 그들은 하빌라에서부터 슈르에까지
정착했다. 네가 앗슈르로 가는 방향에
서 미쯔라임 앞에까지./그가 그의 모
든 형제들의 맞은 편에 떨어졌다[124]./
19 이것은 아브라함의 아들 이쯔학의 계
보이다./아브라함이 이쯔학을 낳게 했
다./
20 이쯔학이 팟단 아람[125]으로부터 아람
사람 브투엘의 딸 리브카를 아내로
취한 때가 40세였다./아람 사람 라반
의 누이를 그의 아내로 취한 때가./
21 이쯔학이 아내를 위해 아도나이에게
탄원했는데, 그녀가 불임이었기 때문이
다./아도나이가 그에게 탄원되어서[126],
그의 아내 리브카가 임신했다./
22 그 아들들이 그녀의 속에서 서로 치
고 받았다. 그녀가 일렀다. "만약 그
렇다면 왜 이 일이 나에게?"/그녀가
아도나이에게 요청하기 위해 갔다./
23 아도나이가 그녀에게 일렀다.
"두 나라들이 네 뱃속에 있고,
두 민족이 네 자궁에서 갈라질 것이다./
한 민족이 다른 민족보다 강할 것이고,
큰 자가 작은 자를 섬길 것이다"/
24 출산의 날들이 찼다./보라! 쌍둥이가

123 더해졌다 124 정착했다 125 아람의 평원
126 그의 간구를 들어서

그녀의 뱃속에 있었다./
25 먼저 나온 자는 붉고 전신이 털 외투
같았다./그들이 그의 이름을 에싸브[127]
라고 불렀다./
26 뒤이어 그의 형제가 나왔는데, 그의
손으로 에싸브의 발꿈치를 잡고 있었
다. 그래서 그의 이름을 야아콥[128]이
라고 불렀다./그들을 낳을 때 이쯔학
이 60세였다./
27 그 소년들이 자라났다. 에싸브는 사
냥을 아는 사람, 들의 사람이 되었
다./야아콥은 순전한 자[129]로서 텐트
에 거주했다./
28 이쯔학은 에싸브를 사랑했는데, 사냥
고기가 그의 입에 있었기 때문이다./
리브카는 야아콥을 사랑했다./
29 야아콥이 수프를 끓였다./에싸브가
들에서 돌아왔는데 기진맥진했다./
30 에싸브가 야아콥에게 일렀다. "제발!
나로 그 붉은 것, 바로 그 붉은 것을 먹
어 치우게 해라. 내가 기진맥진했기
때문이다"/그러므로 그의 이름을 에
돔[130]이라고 불렀다./
31 야곱이 일렀다./"오늘 날짜로 네 장
자권을 내게 팔아 넘겨라"/
32 에싸브가 일렀다. "보라! 내가 죽음으
로 가고 있다./내게 장자권이 무슨
소용인가?"/
33 야아콥이 일렀다. "오늘 날짜로 내게
맹세해라" 그가 그에게 맹세했다./그
가 그의 장자권을 야아콥에게 팔아
넘겼다./
34 야아콥이 에싸브에게 빵과 렌즈콩 수
프를 주었다. 그가 먹고 마시고 일어나
서 갔다./에싸브가 장자권을 경멸했다./

26 아브라함 시절에 있었던 이전의 굶
주림 외에, 그 땅에 굶주림이 있었다./
이쯔학이 그라르로 플레쉩 왕 아비멜
렉에게 갔다./
2 아도나이가 그에게 뵈어져 이르셨다.
"미쯔라임으로 내려가지 않기 바란
다./**내**가 네게 이르는 땅에 정착해라."/
3 바로 이 땅에 체류해라. 그러면 **내**가
너와 함께할 것이고 너를 축복할 것
이다./**내**가 너와 네 씨에게 바로 이
모든 땅들을 줄 것이기 때문이다. **내**
가 네 아버지 아브라함에게 맹세한
그 맹세를 **내**가 이룰 것이다./
4 **내**가 네 씨를 하늘의 별들처럼 많게
할 것이다. **내**가 네 씨에게 바로 이 모
든 땅들을 줄 것이다./네 씨를 통해 땅
의 모든 나라들이 복을 받을 것이다./
5 아브라함이 **내** 소리를 들은 결과이
다./그가 **내** 직무와 **내** 명령들과 **내**
규례들과 **내** 토라[131]를 지켰다./
6 이쯔학이 그라르에 거주했다./
7 그곳 사람들이 그의 아내에 대해 물
었다. 그가 대답했다. "그녀는 내 누이
입니다"/왜냐하면 "내 아내입니다"라
고 대답하기를 두려워했기 때문이다.
리브카의 용모가 아름다운 탓에 그곳
사람들이 자기를 쳐죽이지 않도록./
8 거기서 오랜 날들을 지냈다. 플레쉩

127 털 128 그가 발꿈치를 잡을 것이다
129 의로운 자 130 붉음 131 교훈

왕 아비멜렉이 창문 뒤에서 바라보았
다./그가 보았다. 보라! 이쯔학이 그
의 아내 리브카와 놀고 있었다./
9 아비멜렉이 이쯔학을 불러서 일렀다.
"보라! 확실히 그녀는 네 아내이다.
네가 어찌하여 '그녀는 내 누이'라고
일렀느냐?/이쯔학이 그에게 대답했다.
"그녀 때문에 내가 죽지 않도록 그렇
게 일렀습니다"./
10 아비멜렉이 일렀다. "네가 우리에게
왜 이 짓을 하였느냐?/백성 한 사람
이 네 아내와 동침할 뻔했다. 그러면
네가 우리에게 배상죄를 짓게 했을
것이다./
11 아비멜렉이 모든 백성에게 명령하여
일렀다/"바로 이 사람이나 그의 아내를
건드리는 자는 반드시 죽을 것이다"/
12 이쯔학이 바로 그 땅에 파종했고, 그
해에 백 배를 얻었다./아도나이가 축
복하셨다./
13 그 사람이 크게 되었다./그가 매우
크게 되기까지 크기를 계속했다./
14 그에게 양 염소 떼의 재산과 소의 재
산과 많은 종들이 있었다./플레쉣 사
람들이 그를 시기했다./
15 그의 아버지 아브라함 시절에 아버지
의 종들이 팠던 우물들을/플레쉣 사
람들이 메우고 마른 흙으로 채웠다./
16 아비멜렉이 이쯔학에게 일렀다./"우
리를 떠나 가라. 네가 우리보다 매우
강하기 때문이다"/
17 이쯔학이 거기에서 떠나갔다./그가
그라르 골짜기에 텐트를 치고 거기에
거주했다./
18 이쯔학이 그의 아버지 아브라함 시절
에 그의 아버지가 팠던 우물들을 다
시 팠다. 플레쉣 사람들은 아브라함이
죽은 후에 그것들을 메웠었다./그가
그것들의 이름을 그의 아버지가 부르
던 이름대로 불렀다./
19 이쯔학의 종들이 골짜기를 팠다./그
들이 거기서 생수의 우물을 얻었다./
20 그라르의 목자들이 이쯔학의 목자들
과 다투었다. 이르기를 "그 물은 우리
의 것이다"/이쯔학이 그 우물의 이름
을 에쎅[132]이라고 불렀다. 그들이 그
와 다투었기 때문이다./
21 그들이 다른 우물을 팠는데, 그것에
대해서도 그들이 다투었다./그가 그
이름을 씻나[133]라고 불렀다.
22 그가 거기서 옮겨 다른 우물을 팠는
데, 그들이 그것에 대해 다투지 않았
다./그 이름을 르호봇[134]이라고 불렀
다. 그가 일렀다. "이제 아도나이가
우리를 넓게 하셨기 때문에, 이 땅에
서 우리가 번성할 것이다"/
23 그가 거기서부터 브에르 쉐바로 올라
갔다./
24 아도나이가 바로 그 밤에 그에게 뵈어
졌다. **그**가 이르셨다. "**나**는 네 아버
지 아브라함의 엘로힘이다./네가 두려
워하지 않기 바란다. **내**가 너와 함께
하기 때문이다. **내**가 **내** 종 아브라함
때문에 너를 축복하고 네 씨를 많게
할 것이다"/

132 다툼 133 적개심 134 넓은 장소들

25 그가 그곳에 제단을 쌓고, 아도나이
의 이름을 부르고, 거기에 텐트를 쳤
다./이쯔학의 종들이 거기서 우물을
팠다./
26 아비멜렉이 그라르로부터 그에게 왔
다./그의 친구 아후잣과 군대 장관 피
콜이./
27 이쯔학이 그들에게 일렀다. "당신들
이 왜 내게 왔습니까?/당신들이 나를
미워했고, 나를 당신들로부터 내보냈
습니다"/
28 그들이 일렀다. "아도나이가 너와 함
께 하심을 우리가 확실히 보았다. 그
래서 우리가 말했다. "모쪼록! 우리
사이 곧 너와 우리 사이에 맹세[135]를
세우자./우리가 너와 더불어 언약을
자르자[136]./
29 우리가 너를 건드리지 않은 것처럼,
너는 우리에게 악을 행하지 말 것이
다. 우리는 오직 네게 선을 행하여 너
를 평온히 보내주었다./너는 이제 아
도나이에게 복을 받았다"/
30 그가 잔치를 베풀었다. 그들이 먹고
마셨다./
31 그들이 아침에 일찍 일어나 서로 맹
세했다./이쯔학이 그들을 보냈고, 그
들이 그를 떠나 평온히 갔다./
32 바로 그 날이었다. 이쯔학의 종들이
와서 그들이 판 우물에 대해 그에게
알렸다./그들이 그에게 말했다. "우리가
물을 얻었습니다"/
33 그가 그것을 쉬브아[137]라고 불렀다./
그러므로 그 성 이름이 바로 오늘까
지 브에르 쉐바이다./
34 에싸브가 40세였다. 그가 헷 사람 브
에리의 딸 예후딧을 아내로 취했다./
그리고 헷 사람 엘론의 딸 바쓰맛을./
35 그들이 영혼의 쓰라림이 되었다./이
쯔학과 리브카에게./

27 이쯔학이 늙어서 눈으로 보기가 어
두웠다./그가 장남 에싸브를 불러 그
에게 일렀다. "내 아들아" 그가 그에
게 대답했다. "제가 여기 있습니다"/
2 그가 일렀다. "모쪼록! 보라! 나는 늙
었다./내가 죽는 날을 나는 모른다./
3 자, 모쪼록! 네 도구들, 화살통과 활
을 들어라./들에 나가서 사냥 고기를
사냥해라./
4 나를 위해 내가 즐기는 진수성찬을
만들어 내게 가져오면 내가 먹을 것
이다./그때문에 내가 아직 죽지 않았
을 때 내 생명이 너를 축복할 것이다"/
5 이쯔학이 그의 아들 에싸브에게 말할
때 리브카가 들었다./에싸브가 사냥
고기를 가져오려고 들로 나갔다./
6 리브카가 그녀의 아들 야아콥에게 일
렀다. 이르기를/"보라! 네 아버지가
에싸브에게 말씀하시는 것을 내가
들었다. 이르기를/
7 '내게 사냥 고기를 가져오너라. 나를
위해 진수성찬을 만들어라. 내가 먹을
것이다./내가 죽기 전에 아도나이의
일굴 앞에서 너를 축복할 것이다'./
8 자, 내 아들아 내 소리를 들어라./내

135 저주 136 맺자 137 맹세

가 네게 명령하는./
9 모쪼록! 양 염소의 떼에게 가라. 그리
고 나를 위해 거기서 좋은 염소 새끼
두 마리를 취해라./내가 그것들을 가
지고 네 아버지를 위해 그가 즐기는
진수성찬을 만들 것이다./
10 네가 아버지에게 가지고 가면 그가
잡수실 것이다./그때문에 그가 죽기
전에 너를 축복하실 것이다"/
11 야아콥이 그의 어머니 리브카에게 일
렀다./"보십시오! 저의 형 에싸브는
털이 많은 사람이고, 저는 매끈한 사
람입니다./
12 혹시 아버지가 저를 만지시면, 제가
그의 눈에 우롱하는 자일 것입니다./저
는 복이 아니라 저주를 받게 됩니다"/
13 그의 어머니가 그에게 일렀다. "네 저
주가 내게 있기를! 내 아들아./오직 내
소리를 들어라. 가서 내게 가져와라"/
14 그가 가서 취하여 그의 어머니에게
가져왔다./그의 아버지가 즐기는 진수
성찬을 그의 어머니가 만들었다./
15 리브카가 집안에서 그녀에게 있는 장
남 에싸브의 탐나는 옷들을 취했다./
그녀가 작은 아들 야아콥에게 입혔다./
16 그녀가 염소 새끼의 가죽으로 그의
손을 덮었다./그리고 그의 목의 매끈
한 곳을./
17 그녀가 만든 진수성찬과 빵을 주었
다./그녀의 아들 야아콥의 손에/
18 그가 그의 아버지에게 가서 일렀다.
"내 아버지여"/그가 대답했다. "내가
여기 있다. 내 아들아, 너는 누구냐?"/
19 야아콥이 아버지에게 대답했다. "저
는 당신의 맏아들 에싸브입니다. 당신
이 제게 말씀하신 대로 제가 만들었
습니다./모쪼록! 일어나 앉아서 제 진
수성찬을 잡수시고, 그때문에 당신의
생명이 저를 축복하십시오"/
20 이쯔학이 그의 아들에게 일렀다. "네
가 어떻게 빨리 얻었느냐, 내 아들아"
/그가 대답했다. "당신의 엘로힘 아도
나이가 제 앞에서 만나게 하셨습니다"/
21 이쯔학이 야아콥에게 일렀다. "모쪼
록! 다가오너라. 내가 너를 만져보겠
다. 내 아들아./네가 내 아들 에싸브
인지 아닌지"/
22 야아콥이 그의 아버지 이쯔학에게 다
가가니, 그가 그를 만졌다./그가 말했
다. "소리는 야아콥의 소리인데, 손은
에싸브의 손이다"/
23 그의 손이 형 에싸브의 손처럼 털이
있어서, 그가 알아보지 못했다./그래
서 그가 그를 축복했다./
24 그가 일렀다. "네가 바로 내 아들 에
싸브이냐?"/그가 대답했다. "접니다"/
25 그가 일렀다. "내게 가까이 가져오너
라. 내 생명이 너를 축복하기 위해,
내가 내 아들의 사냥 고기를 먹을 것
이다./그가 그에게 가까이 가져가자
그가 먹었다. 포도주를 그에게 가져가
자 그가 마셨다./
26 그의 아버지 이쯔학이 그에게 일렀다.
"내 아들아, 모쪼록! 다가와서 내게
키스해라"/
27 그가 다가가서 그에게 키스했다. 그

가 그의 옷 향기를 맡고 그를 축복했
다./그가 일렀다.
"보아라. 내 아들의 향기를
아도나이가 축복한 밭의 향기와 같
다./
28 엘로힘이 네게 주시기를 원하노라
하늘의 이슬과 땅의 기름짐을./
곡식과 새 포도주의 풍성함을/
29 백성들이 너를 섬기고
민족들이 네게 엎드리기 원하노라.
네가 네 형제들의 주인이 되고
네 어머니의 아들들이 네게 엎드리기
원하노라./
너를 저주하는 자는 저주를 받고,
너를 축복하는 자는 복을 받을 것이다"/
30 이쯔학이 야아콥 축복하기를 마쳤을
때, 야아콥이 그의 아버지 이쯔학 앞
에서 가까스로 빠져나갔다./그의 형제
에싸브가 사냥으로부터 돌아왔다./
31 그도 진수성찬을 만들어 아버지에게
가지고 왔다./그가 그의 아버지에게
말했다. "내 아버지여, 일어나 아들의
진수성찬을 드십시오. 그때문에 당신
의 생명이 저를 축복하십시오"/
32 그의 아버지 이쯔학이 그에게 일렀다.
"너는 누구냐?"/그가 일렀다. "저는
당신의 아들, 당신의 맏아들 에싸브입
니다"/
33 이쯔학이 큰 떨림으로 심하게 떨며
일렀다. "그렇다면! 사냥한 사냥 고기
를 내게 가져와서, 네가 아직 오지 않
았을 때 내가 모두 먹고 축복한 그는
누구냐? 복도 그가 받을 것이다"/
34 에싸브가 그의 아버지 이쯔학의 말을
들었을 때 크고 심하게 고통스러운
부르짖음을 부르짖었다./그가 그의 아
버지에게 일렀다. "저를 축복하십시
오. 저도요, 내 아버지여"/
35 그가 일렀다. "네 아우가 속임수를
써서 왔다./그가 네 복을 취했다"/
36 그가 일렀다. "그래서 그의 이름을
야아콥이라고 부르지 않습니까? 그가
제 발꿈치를 잡은[138] 것이 이번으로
두번째입니다. 제 장자권을 취하더니,
보십시오! 이제는 제 복을 취했습니
다"/그가 일렀다. "저를 위한 축복을
따로 두지 않으셨습니까?"/
37 이쯔학이 에싸브에게 대답하여 일렀
다. "보라! 내가 그를 네 주인으로 삼
았고, 모든 형제들을 그에게 종들로
주었다. 곡식과 새 포도주를 내가 그에
게 주었다./그렇다면! 내가 너를 위해
무엇을 할 수 있겠느냐, 내 아들아."/
38 에싸브가 아버지에게 일렀다. "아버
지여, 당신에게 있는 복이 그것 하나
입니까? 저를 축복하십시오. 저도요."
/에싸브가 소리를 높여 울었다./
39 그의 아버지 이쯔학이 그에게 대답하
여 일렀다./
"보라! 땅의 기름짐은 너의 거주지이다
그리고 하늘로부터의 이슬이다/
40 너는 칼을 의지해서 살 것이다
네가 아우를 섬길 것이다/
네가 펀치 않게 되었을 때
너는 목에서 그 멍에를 꺾어버릴 것

138 속인

이다"/
41 에싸브는 아버지가 야아콥을 축복한
그 복 때문에 그를 증오했다./에싸브
가 마음으로 일렀다. "아버지를 애도
할 날들이 가까웠다. 내가 내 아우를
쳐죽일 것이다"/
42 그녀의 큰 아들 에싸브의 말들이 리
브카에게 알려졌다./그녀가 보내어 작
은 아들 야아콥을 불러 그에게 말했다.
"보라! 네 형 에싸브가 너를 쳐죽이려
고, 너에 대해 스스로 위로하고 있다./
43 자, 내 아들아 내 소리를 들어라./일
어나라. 하란으로 내 오빠 라반에게로
도망쳐라./
44 그와 함께 1 날들[139]을 거주할 것이
다./네 형의 분노가 되돌아갈 때까
지./
45 너를 향한 네 형의 코가[140] 돌아가서,
네가 그에게 행한 것을 잊게 되면 내
가 보내어 거기로부터 너를 취할 것
이다./왜 내가 너희 둘을 한 날에 잃
을 것이냐?"
46 리브카가 이쯔학에게 일렀다. "내가
헷 사람의 딸들의 얼굴 앞에서 내 삶
을 싫어합니다./만약 야아콥이 이들과
같은 이 땅의 딸들 중에서, 헷 사람의
딸들 중에서 아내를 취한다면 내가
왜 살아있습니까?"/

28 이쯔학이 야아콥을 불러서 축복했
다./그에게 명령하여 일렀다. "크나
안의 딸들 중에서 아내를 취하지 말
것이다./
2 너는 일어나 팟단 아람 네 외할아버
지 브투엘의 집으로 가라./거기서 네
외삼촌 라반의 딸들 중에서 네 아내
를 취해라./
3 엘 샷다이[141]께서 너를 축복하시고,
자녀 낳게 하시고, 번성하게 하시기를
원한다./네가 백성들의 회중이 될 것
이다./
4 그가 아브라함의 복을 네게 그리고
너와 함께하는 네 씨에게 주시기를
원한다./엘로힘이 아브라함에게 주신
땅 곧 네가 체류하는 땅을 너로 상속
하게 하기 위해"/
5 이쯔학이 야아콥을 보내자 그가 팟단
아람으로 갔다./야아콥과 에싸브의 어
머니 리브카의 형제 아람 사람 브투
엘의 아들 라반에게./
6 에싸브가 보았다. 이쯔학이 야아콥을
축복하고 팟단 아람으로 보내어 거기
서 아내를 취하게 하는 것을./그리고
그를 축복함으로써 그에게 명령하여
이르기를, "크나안의 딸들 중에서 아
내를 취하지 말 것이다"라고 한 것을./
7 야아콥이 아버지와 어머니를 들었고/
그가 팟단 아람으로 간 것을./
8 에싸브가 보았다. 크나안의 딸들이 악
하다는 것을./아버지 이쯔학의 눈에./
9 에싸브가 이쉬마엘에게 갔다./그가 그
의 아내들 외에 아브라함의 아들 이
쉬마엘의 딸이자 느바욧의 누이인 마
할랏을 그의 아내로 취했다./
10 야아콥이 브에르 쉐바를 떠났다./그

139 1년들 140 분노가 141 전능한 엘

가 하란으로 갔다./
11 그가 한 장소와 맞닥뜨리고 거기서 묵
었다. 해가 졌기 때문이다. 그가 그 장
소의 돌들 중에서 취하여 머리맡에
놓았다./그가 그 장소에서 누워 잤다./
12 그가 꿈을 꾸었다. 보라! 계단[142]이
땅에 세워져 있는데, 그 꼭대기가 하
늘에 닿아 있었다./보라! 엘로힘의 사
자들이 거기에서 오르락내리락하고
있었다.
13 보라! 아도나이가 그 위에 서 있었는
데, **그**가 일렀다. "**나**는 아도나이다.
네 조상 아브라함의 엘로힘, 이쯔학의
엘로힘이다./네가 누워있는 그 땅을
내가 너와 네 씨에게 줄 것이다./
14 네 씨가 땅의 티끌 같아서, 네가 서
쪽과 동쪽과 북쪽과 남쪽으로 퍼질
것이다./너와 네 씨를 통해 땅의 모든
가문들이 복을 얻을 것이다./
15 보라! **내**가 너와 함께하며, **내**가 너의
가는 모든 곳에서 너를 지켜 바로 이
땅으로 돌아오게 할 것이다./왜냐하면
내가 네게 말한 것을 행하기까지 너
를 저버리지 않을 것이기 때문이다"/
16 야아콥이 잠에서 깨어나 일렀다. "참
으로! 바로 이 장소에 아도나이가 계
신다./하지만 내가 알지 못했다"/
17 그가 두려워하며 일렀다. "바로 이
장소는 얼마나 두려운가?/다름 아닌
엘로힘의 집이다. 이것은 하늘의 문[143]
이다"/
18 야아콥이 아침에 일찍 일어나 머리맡
에 놓았던 그 돌을 취하여 기둥으로
세웠다./그가 그 꼭대기 위에 기름을
부었다./
19 그가 그 장소의 이름을 벧엘[144]이라
고 불렀다./이전에 그 성의 이름은 루
즈[145]였다./
20 야아콥이 서원을 맹세했다. 이르기를/
"만약 엘로힘이 저와 함께 계시고, 제
가 가고 있는 바로 이 길에서 저를
지키시며, 먹을 빵과 입을 옷을 주신
다면/
21 그리고 제가 아버지 집으로 평온히
돌아오게 하신다면/아도나이가 제게
엘로힘이 되실 것이며/
22 제가 기둥으로 세운 바로 이 돌이 엘
로힘의 집이 될 것이며/**당신**께서 제
게 주신 모든 것에서 **당신**께 반드시
십일조를 드리겠습니다"/

29 야아콥이 발을 들었다[146]./그가 동
방 자손의 땅으로 갔다./
2 그가 보았다. 보라! 들에 우물이 있었
다. 보라! 양 염소의 세 떼가 그 곁에
엎드려 있었다. 왜냐하면 그들이 그
우물에서 가축 떼를 마시게 했기 때
문이다./그 우물 어귀 위에 큰 돌이
있었다./
3 모든 가축 떼가 거기에 모이면, 그들
이 우물 어귀 위에서 돌을 굴려 양
염소의 떼를 마시게 했다./그리고 그
들이 그 돌을 우물 어귀의 그 자리로
되돌렸다./

---
142 사닥다리 143 아카드어, 밥일루(바벨)
144 엘 신전 145 아몬드 146 여행을 계속했다

4 야아콥이 그들에게 일렀다. "내 형제
들이여, 당신들은 어디에서 왔습니까?"/
그들이 대답했다. "우리는 하란에서
왔습니다"/
5 그가 그들에게 일렀다. "당신들이 나
호르의 손자 라반을 압니까?"/그들이
대답했다. "우리가 압니다"/
6 그가 그들에게 일렀다. "그가 평안합
니까?"/그들이 대답했다. "평안합니
다. 보십시오! 그의 딸 라헬[147]이 양
염소 떼와 함께 오고 있습니다"/
7 그가 일렀다. "보세요! 아직 낮이 커
서[148] 가축 모일 때가 아닙니다./양
염소 떼를 마시게 하고, 다시 가서 풀
을 뜯게 하세요"/
8 그들이 일렀다. "모든 떼가 모일 때까
지 우리는 그렇게 할 수 없습니다. 그
다음에 우리가 우물 어귀 위의 돌을
굴릴 것입니다./그 다음에 우리가 양
염소의 떼를 마시게 할 것입니다"/
9 그가 아직 그들과 말하고 있는데, 라
헬이 그녀의 아버지의 양 염소 떼를
몰고 왔다./그녀가 목자였기 때문이다.
10 야아콥이 외삼촌 라반의 딸 라헬과
외삼촌 라반의 양 염소 떼를 보았을
때/야아콥이 다가가서 우물 어귀 위
로부터 돌을 굴렸다. 그리고 외삼촌
라반의 양 염소 떼를 마시게 했다./
11 야아콥이 라헬에게 키스했다./그가
소리를 높여 울었다./
12 야아콥이 라헬에게 자기가 그녀의 아
버지의 친척이며 리브카의 아들인 것
을 알렸다./그녀가 달려가서 아버지에
게 알렸다./
13 라반이 누이의 아들 야아콥의 소식을
들었을 때, 맞으려고 달려와 끌어안고
키스하고 자기 집으로 데려갔다./그가
이 모든 일들을 라반에게 알렸다./
14 라반이 그에게 일렀다. "참으로 너는
내 뼈이며 내 살이다"/야아콥이 그와
함께 한 달을 거주했다./
15 라반이 야아콥에게 일렀다. "네가 내
친척이라고 해서 거저 일하겠느냐?/
네 삯이 얼마일지 내게 알려라"/
16 라반에게 두 딸이 있었다./큰 자의
이름은 레아[149]였고, 작은 자의 이름
은 라헬이었다./
17 레아는 눈이 부드럽고[150]/라헬은 체
형이 아름답고 용모가 아름다웠다./
18 야아콥은 라헬을 사랑했다./ 그가 일
렀다. "제가 당신의 작은 자 라헬때문
에 7년동안 당신을 섬기겠습니다"/
19 라반이 대답했다. "그녀를 네게 주는
것이 다른 사람의 아내로 주는 것보
다 낫다./나와 함께 거주해라"/
20 야아콥이 라헬때문에 7년을 섬겼다./
그녀에 대한 사랑때문에 그의 눈에
하루들[151] 같았다./
21 야아콥이 라반에게 일렀다. "제 아내
를 내어주십시오. 제 날들이 찼습니
다./제가 그녀에게 들어갈 것입니다"/
22 라반이 그곳 모든 사람들을 모아서
잔치를 베풀었다./
23 저녁 때였다. 그가 그의 딸 레아를

---

147 암 양 148 한낮이어서 149 피곤한
150 시력이 약하고 151 1년들

그의 장막으로 데려갔다./그가 그녀에
게 들어갔다./
24 라반이 그의 여종 질파를 주었다./그
의 딸 레아에게 여종으로./
25 아침이었다. 보라! 그녀는 레아였다./
그가 라반에게 일렀다. "왜 제게 이
짓을 하셨습니까? 라헬때문에 제가
당신 곁에서 섬기지 않았습니까? 왜
저를 속이셨습니까?"/
26 라반이 대답했다. "우리 지방에서는
그렇게 하지 않는다./작은 딸을 맏딸
보다 먼저 주는 것을./
27 이 7일을 채워라./그러면 우리가 그
녀도 네게 줄 것이다. 너는 다른 7년
을 더 내 곁에서 섬길 것이다"/
28 야아콥이 그대로 하여 그 7일을 채웠
다./그가 그의 딸 라헬을 그에게 아내
로 주었다./
29 라반이 그의 딸 라헬을 위해 그의 여
종 빌하를 주었다./그녀에게 여종으로./
30 그가 라헬에게도 들어갔고, 라헬을
레아보다 더 사랑했다. /그가 다른 7
년을 그의 곁에서 섬겼다./
31 레아가 덜 사랑받는 것을 아도나이가
보시고 그녀의 자궁을 열어주셨다./그
러나 라헬은 불임이었다./
32 레아가 임신하고 아들을 낳아 그의
이름을 르우벤[152]이라고 불렀다./왜냐
하면 그녀가 "내 고난을 아도나이가
보셨기 때문이다. 참으로 이제는 내
남편이 나를 사랑할 것이다"라고 일
렀기 때문이다.
33 그녀가 다시 임신하여 아들을 낳고
일렀다. "내가 덜 사랑받는 것을 아도
나이가 들으셨기 때문에 내게 이도 주
셨다"/그녀가 그의 이름을 쉬므온[153]
이라고 불렀다./
34 그녀가 다시 임신하여 아들을 낳고
일렀다. "내가 그에게 아들을 셋이나
낳았기 때문에, 이제 이번에는 내 남
편이 나와 연합할 것이다"/그녀가 그
의 이름을 레뷔[154]라고 불렀다./
35 그녀가 다시 임신해서 아들을 낳고
일렀다. "이제는 내가 아도나이를 찬
양한다". 그러므로 그의 이름을 예후
다[155]라고 불렀다./그녀가 출산하기를
멈추었다./

30 라헬은 자기가 야아콥에게 아이 낳
아주지 못하는 것을 보았다.[156] 라헬
이 그녀의 언니를 질투했다./그녀가
야아콥에게 일렀다. "내게 후손을 주
세요. 그렇지 않으면 내가 죽어버릴
것입니다"/
2 야아콥이 라헬에 맞서 코에 불이 붙
었다[157]./그가 일렀다. "당신에게서
배의 열매를[158] 막으시는 엘로힘을
내가 대신하겠소?"
3 그녀가 일렀다. "보세요! 내 여종 빌하
가 있으니, 그녀에게 들어가세요./그
녀가 내 무릎 위에 낳을 것입니다.[159]
그러면 그녀를 통해 내가 세워지겠습
니다"/

---

152 보라! 아들이다 153 들으심 154 연합
155 찬양 156 알았다 157 화를 냈다
158 자녀 159 내가 입양할 것입니다

4 그녀가 그에게 여종 빌하를 아내로 주
었다./야아콥이 그녀에게 들어갔다./
5 빌하가 임신하고 야아콥에게 아들을
낳았다./
6 라헬이 일렀다. "엘로힘이 나를 재판
하시고, 내 소리를 들으셔서 내게 아
들을 주셨다"/그러므로 그녀가 그의
이름을 단[160]이라고 불렀다./
7 라헬의 여종 빌하가 다시 임신하고
출산했다./둘째 아들을 야아콥에게./
8 라헬이 일렀다. "엘로힘의[161] 투쟁들
로 언니와 투쟁해서 실제로 내가 이
겼다"/그녀가 그의 이름을 납탈리[162]
라고 불렀다./
9 레아가 출산이 멈추었음을 보았다. /
그녀가 여종 질파를 취해 야아콥에게
아내로 주었다./
10 레아의 여종 질파가 야아콥에게 아들
을 낳았다./
11 레아가 일렀다. "행운이 왔다"/그녀
가 그의 이름을 갓[163]이라고 불렀다./
12 레아의 여종 질파가 야아콥에게 둘째
아들을 낳았다./
13 레아가 일렀다. "내 행복 때문에, 내
가 행복하다고 딸들[164]이 말한다"/그
녀가 그의 이름을 아쉐르[165]라고 불렀
다./
14 르우벤이 밀 추수 기간에 들에서 합
환채들을 발견하고 그의 어머니 레아
에게 가져왔다./라헬이 레아에게 일렀
다. "제발! 언니 아들의 합환채들을
내게 줘"/
15 레아가 그녀에게 일렀다. "네가 내
남편을 빼앗은 것이 작은 일이냐? 그
런데 네가 내 아들의 합환채들마저 빼
앗으려고 하느냐?"/라헬이 대답했다.
"그러니까 언니 아들의 합환채들 대
신에 오늘밤 그가 언니와 동침할 거야"/
16 저녁에 야아콥이 들에서 돌아왔다. 레
아가 그를 영접하러 나가서 말했다.
"내게로 들어오세요. 내 아들의 합환
채들로 분명히 당신을 샀기 때문입니
다"/그가 그날 밤에 그녀와 동침했
다./
17 엘로힘이 레아를 들으셨다./그녀가
임신하고 그에게 다섯째 아들을 낳았
다./
18 레아가 일렀다. "엘로힘이 내가 내
남편에게 내 여종을 준 삯[166]을 주셨
다"/그녀가 그의 이름을 잇싸카르[167]
라고 불렀다./
19 레아가 다시 임신하여 야아콥에게 여
섯째 아들을 낳았다./
20 레아가 일렀다. "엘로힘이 내게 좋은
결혼 지참금을 주셨다. 이번에는 내
남편이 나와 동거할 것이다. 내가 그
에게 여섯 아들을 낳았기 때문이다"/
그녀가 그의 이름을 즈불룬[168]이라고
불렀다./
21 그 후에 그녀가 딸을 낳았다./그녀가
그녀의 이름을 디나[169]라고 불렀다./
22 엘로힘이 라헬을 기억하셨다./엘로힘
이 그녀를 들으시고 자궁을 열어주

160 재판 161 치열한 162 나의 투쟁
163 행운 164 여자들 165 행복한 자
166 보상 167 삯(보상)이 있다 168 동거함
169 판결 받음

셨다./
23 그녀가 임신하고 아들을 낳았다./그
녀가 말했다. "엘로힘이 내 수치를 걷
어들이셨다[170]"/
24 그녀가 그의 이름을 요셉[171]이라고
부르고 이르기를/"아도나이가 내게
다른 아들을 더하실 것이다"/
25 라헬이 요셉을 낳았을 때였다./야아
콥이 라반에게 일렀다. "저를 보내주
십시오. 그러면 제가 제 장소 제 땅으
로 갈 것입니다./
26 제가 당신을 섬기고 얻은 제 아내들
과 제 아이들을 주십시오. 그러면 제
가 갈 것입니다./제가 당신을 섬긴 제
섬김을 당신이 알기 때문입니다./
27 라반이 그에게 일렀다. "모쪼록 내가
네 눈에서 은혜를 얻었다면/아도나이
가 너로 인해 나를 축복하신 것을 점
쳐서 알았다"/
28 그가 일렀다./"네 삯을 네가 정하면
내가 줄 것이다"/
29 그가 그에게 일렀다. "당신은 제가
당신을 섬긴 것을 아십니다./당신의
가축이 저와 함께 있던 것을/
30 참으로 제 이전에는[172] 당신의 것이
적었지만, 급격히 불어났습니다. 아도
나이께서 제 발을 따라[173] 당신을 축
복하셨습니다./자, 언제 저도 제 집을 만
들겠습니까?"/
31 그가 말했다. "내가 네게 무엇을 줄
까?"/야아콥이 일렀다. "아무것도 제
게 주지 않으셔도 됩니다. 만약 바로
이 일을 제게 행하시면, 당신의 양 염
소 떼로 제가 돌아가 풀을 뜯기고 지
킬 것입니다./
32 제가 오늘 당신의 양 염소 떼를 통과
하겠습니다. 거기서 어린 양들 중에
반점이 있거나 얼룩지거나 흑갈색의
모든 양을, 그리고 암염소들 중에 얼
룩지거나 반점이 있는 것을 떠나게
하겠습니다./그것이 제 삯이 될 것입
니다./
33 훗날에 제 의가 제게 대답할 것입니
다. 당신이 제 삯에 대해 오실 때 당
신의 얼굴 앞에서./암염소들 중에 얼
룩지지 않거나 점이 없는 것, 그리고
어린 양 중 흑갈색이 아닌 것은 모두
훔친 물건이 제게 있는 것입니다"/
34 라반이 일렀다./"보라! 네 말대로 되
기를 원한다"/
35 그 날에 그가 줄무늬 있거나 얼룩진
숫염소들을, 반점이 있거나 얼룩진 모
든 암염소들을 흰 색이 들어 있는 것
은 모두, 그리고 흑갈색의 모든 어린
양들을 떠나게 했다./그가 그의 아들
들의 손에 맡겼다./
36 그가 그와 야아콥 사이에 사흘 길을
두었다./야아콥은 라반의 남겨진 양
염소 떼에게 풀을 뜯기고 있었다./
37 야아콥이 싱싱한 포플러나무와 아몬
드 나무와 플라타너스 나무의 가지를
취했다./그가 가지들 안의 흰 줄무늬
껍질을 벗겨내어 흰 색이 드러나게
했다./

170 없애셨다 171 그가 더하실 것이다
172 제가 오기 전에는 173 제가 오므로

38 그가 그 껍질 벗긴 가지들을 물 구유
홈통에 세워 두었다./물 마시려고 오
는 양 염소 떼 앞에. 그것들이 물 마
시러 올 때에 뜨거웠다[174]./
39 양 염소 떼가 가지 앞에서 뜨거웠다./
그것들이 줄무늬 있는 것들과 반점
있는 것들과 얼룩진 것들을 낳았다./
40 야아콥이 새끼 양들을 분리해서, 라
반의 양 염소 떼 중에서 줄무늬 있는
것과 모든 흑갈색인 것과 얼굴을 마
주보게 두었다./그는 자신의 떼들을
따로 두었고 라반의 양 염소 떼와 섞
이지 않게 했다./
41 때가 되어 양 염소 떼에서 더 강한
것들이 뜨거울 때마다, 야아콥이 가지
들을 구유 안에 양 염소 떼의 눈 앞
에 두었다./그 가지들로써 뜨거울 수
있도록./
42 양 염소의 떼가 약하면 그가 두지 않
았다./약한 것들은 라반의 것이 되고,
강한 것들은 야아콥의 것이 되었다./
43 그 사람이 매우 매우 불어났다./그에
게 많은 양 염소 떼와 여종들과 남종
들과 낙타들과 나귀들이 있었다.

31 그가 라반의 아들들이 하는 말을
들었다. 이르기를 "야아콥이 우리 아
버지의 모든 것을 빼앗았다./우리 아버
지의 것으로 이와 같은 모든 영광[175]
을 만들었다"/
2 야아콥이 라반의 얼굴을 보았다./보
라! 어제 그저께 같은[176] 것이 그와
함께 있지 않았다./
3 아도나이가 야아콥에게 이르셨다. "네
아버지의 땅과 네 친척에게 돌아가
라./**내**가 너와 함께 있을 것이다"/
4 야아콥이 보내어 라헬과 레아를 불렀
다./들의 양 염소 떼로/
5 그가 그들에게 일렀다. "내가 당신들
의 아버지의 얼굴을 보았는데, 내게
대해 어제 그저께와 같은 것이 있지
않았소./하지만 내 아버지의 엘로힘이
나와 함께 계셨소./
6 당신들도 알 것이요./내 모든 힘을 다
해 당신들의 아버지를 섬긴 것을./
7 하지만 당신들의 아버지가 나를 가지
고 놀아서 삯을 열 번이나 바꾸었소./
하지만 엘로힘이 그가 나에게 악을
행하도록 두지 않으셨소./
8 만약 그가 그렇게 '반점 있는 것이
네 삯이다' 라고 말하면, 모든 양 염소
떼가 반점 있는 것을 낳았소./만약 그
가 그렇게 '줄무늬 있는 것이 네 삯
이다' 라고 말하면, 모든 양 염소 떼가
줄무늬 있는 것을 낳았소./
9 엘로힘이 당신들의 아버지의 가축을
끌어내어 내게 주셨소./
10 양 염소의 떼가 뜨거운 정한 때에 내
가 꿈에 눈을 들어 보았소./보시오!
양 염소 떼를 올라탄 숫염소들은 줄
무늬 있는 것들, 반점이 있는 것들,
얼룩덜룩한 것들이었소./
11 꿈에 엘로힘의 사자가 내게 이르셨소.
'야아콥아'. 그래서 내가 대답했소./ '제
가 여기 있습니다' /

174 교미했다 175 풍부함 176 예전 같은

12 그가 이르셨소. '모쪼록 네 눈을 들
어 보아라. 양 염소 떼를 올라탄 숫염
소들은 모두 줄무늬 있는 것들, 반점
이 있는 것들, 얼룩덜룩한 것들이다./
라반이 네게 행한 모든 일을 내가 보
았기 때문이다./
13 나는 벧엘의 그 엘이다. 네가 거기서
기둥에 기름을 붓고 내게 서원을
맹세했다./지금 일어나라. 바로 이
땅에서 나가라. 네 친척의 땅으로 돌
아가라'"/
14 라헬과 레아가 그에게 대답하여 일렀
다./"우리 아버지 집에서 더 이상 무
슨 몫이나 상속이 있습니까?/
15 우리가 그에게 외국 여자들로 생각
된 것 아닙니까? 우리를 팔아 넘겼기
때문에/그리고 우리의 은을 분명히
먹었기 때문에./
16 엘로힘이 우리 아버지에게서 끌어내
신 재물은 우리와 우리 아들들의 것
이기 때문에/자, 엘로힘이 당신에게
이르신 모든 것을 행하십시오"/
17 야아콥이 일어났다./그의 아들들과
그의 아내들을 낙타들에 태웠다./
18 그는 모든 가축들과 모든 재산 곧 그
가 팟단 아람에서 모은 재산인 가축
을 이끌었다./크나안 땅 그의 아버지
이쯔학에게 가기 위해./
19 라반은 양 염소 떼의 털을 깎으러 갔
다./라헬은 그녀의 아버지의 트라핌[177]
을 훔쳤다./
20 야아콥은 아람 사람 라반의 마음을
훔쳤다.[178]/그가 도망치고 있는 것을
그에게 알리지 않았기 때문이다./
21 그가 도망쳤다. 그가 그의 모든 소유
와 함께 일어나 그 강[179]을 건넜다./
그의 얼굴을 길아드 산에 두었다[180]./
22 셋째 날에 그것이 라반에게 알려졌
다./야아콥이 도망친 것이/
23 그가 함께 있는 형제들을 데리고 7일
길을 뒤쫓았다./그가 길아드 산에서
그에게 달라붙었다./
24 엘로힘이 그날 밤 꿈에 아람 사람 라
반에게 오셨다./그가 그에게 이르셨
다. "너는 좋은 것에서부터 나쁜 것까
지 야아콥과 말하지 않도록 삼가라"/
25 라반이 야아콥에게 도착했다./야아콥
은 산에 텐트를 쳤다. 라반이 그의 형
제와 함께 길아드 산에 텐트를 쳤다./
26 라반이 야아콥에게 일렀다. "네가 무
슨 짓을 하였느냐? 너는 내 마음을
훔쳤다./그리고 내 딸들을 칼에 사로
잡힌 자들처럼 끌고 갔다./
27 왜 너는 도망치려고 자신을 숨겼으며
나를 훔쳤느냐?[181]/너는 내게 알리지
않았다. 내가 너를 기쁨과 노래들과
탬버린과 하프로써 보냈을 것이다./
28 너는 내가 손자들과 딸들에게 키스하
게 해주지 않았다./지금 네가 행하는
것이 어리석다./
29 엘[182]을 향한 내 손에, 너희들에게 악
을 행할 것이 있었다./그런데 너희
아버지의 엘로힘이 어제 내게 이르
셨다. 이르시기를 '너는 야아콥과 좋은

177 신상들 178 속였다 179 유프라테스 강
180 향했다 181 속였느냐? 182 하나님

것에서부터 나쁜 것까지 말하기를 삼
가라' /
30 자, 네가 네 아버지 집을 사모해서
돌아가도 좋다./무엇 때문에 내 엘로
힘을[183] 훔쳤느냐?"
31 야아콥이 라반에게 대답하여 일렀다./
"제가 두려웠기 때문입니다. 제가 '저
와 함께 있는 당신의 딸들을 당신께
서 제게서 빼앗지 못하도록' 이라고
말했습니다./
32 누구와 함께 있든지 당신의 엘로힘을
당신이 발견하면 그는 살지 못할 것
입니다. 우리 형제들 맞은 편에서 저
와 함께 있는 어떤 것이든, 당신을 위
해 살피시고 당신의 것을 취하십시
오"/그런데 야아콥은 라헬이 그것들
을 훔친 줄 알지 못했다./
33 라반이 야아콥의 텐트에 들어갔고,
레아의 텐트와 두 여종에게 들어갔지
만 발견하지 못했다./그가 레아의 텐
트에서 나와 라헬의 텐트에 들어갔다./
34 라헬이 그 트라핌을 취해서 낙타 안
장속에 두고 그것들 위에 앉았다./라
반이 텐트 전부를 만졌지만 발견하지
못했다./
35 그녀가 아버지에게 말했다. "제 주인
의 눈에 불을 켜지[184] 마시기 바랍니
다. 제가 여자들의 길[185] 때문에 당신
의 얼굴 앞에서 일어날 수 없기 때문
입니다./그가 찾아보았지만 그 트라핌
을 발견하지 못했다./
36 야아콥이 불이 붙어서[186] 라반과 다
투었다./야아콥이 라반에게 대답하여
일렀다. "제 잘못이 무엇입니까? 제
죄가 무엇이길래 저를 뒤쫓아 불태우
십니까?/
37 당신께서 제 도구들을 모두 뒤졌는데,
당신의 집 도구들 중에 무엇을 발견
했습니까? 제 형제들과 당신의 형제
들 맞은 편에 이렇게 두십시오./우리
둘 사이에 입증하게 하십시오./
38 이것이 제가 당신과 함께한 20년입
니다. 당신의 암양들과 암염소들이 낙
태하지 않았습니다./당신의 양 염소
떼의 숫양을 제가 먹지 않았습니다./
39 맹수에게 찢긴 가축을 당신에게 가져
가지 않았습니다. 제가 변상했으며,
당신이 제 손에서 찾으셨습니다./낮에
도적 맞았든지 밤에 도적 맞았든지./
40 저는 이러했습니다. 낮에는 더위가
밤에는 추위가 저를 먹었습니다[187]./
제 잠이 제 눈에서 도망갔습니다.[188]/
41 이것이 당신 집에서 저의 20년입니
다. 당신의 두 딸들을 위해 14년, 양
염소 떼를 위해 6년 당신을 섬겼습니
다./하지만 당신은 제 삯을 10번이나
바꾸었습니다./
42 제 아버지의 엘로힘, 아브라함의 엘
로힘, 이쯔학의 **경외**가[189] 나와 함께
하지 않았더라면, 참으로 지금 저를
빈손으로 내보냈을 것입니다./하지만
제 고난과 제 손의 수고를 엘로힘이
보셨고, 어제 **그**가 책망하셨습니다./

183 신들 184 화를 내지 185 생리 186 화가 나서 187 제가 시달렸습니다 188 잠잘 겨를이 없었습니다 189 하나님이

43 라반이 야아콥에게 대답하여 일렀다.
"그 딸들은 내 딸들이며, 그 아들들은 내 아들들이고, 그 양 염소 떼는 내 양 염소 떼이며, 네가 보는 모든 것은 내 것이다./내 딸들을 위해, 이들을 위해 내가 무엇을 하겠는가? 혹은 그들이 낳은 그들의 아들들을 위해./
44 자, 오라. 너와 내가 언약을 자를 것이다[190]./그것이 너와 나 사이에 증거가 될 것이다./
45 야아콥이 돌을 취했다./그가 기둥을 세웠다./
46 야아콥이 그의 형제들에게 일렀다.
"돌들을 주워라". 그들이 돌들을 취하여 무더기를 만들었다./그들이 거기 무더기 곁에서 먹었다./
47 라반은 그것을 예가르 싸하두타[191]라고 불렀다./야아콥은 그것을 갈에드[192]라고 불렀다./
48 라반이 말했다. "바로 이 무더기가 오늘 나와 너 사이의 증거이다"/그가 그 이름을 갈에드라고 불렀다./
49 그리고 미쯔파[193]이다. 그가 말했다.
"나와 너 사이에 아도나이가 지켜볼 것이다./각자가 그의 친구로부터[194] 숨겨져 있기 때문에/
50 만약 네가 내 딸들을 괴롭히거나 내 딸들 외에 아내들을 취하면, 우리와 함께 할 사람은 없지만/보아라. 엘로힘이 나와 너 사이에 증인이시다"/
51 라반이 야아콥에게 일렀나. "보라! 바로 이 무더기를. 그리고 보라! 너와 나 사이에 내가 세운 이 기둥을/
52 바로 이 무더기가 증거이고, 이 기둥이 증거이다./바로 이 무더기를 통과해서 내가 네게 가지 않을 것이고, 네가 악을 행하기 위해 바로 이 무더기와 이 기둥을 통과해서 내게 오지 말아야 한다./
53 아브라함의 엘로힘, 나호르의 엘로힘 그들이 우리 사이를 재판하실 것이다.
그들의 조상의 엘로힘[195]이"/야아콥이 그의 아버지 이쯔학의 **경외**로써[196] 맹세했다.
54 야아콥이 그 산에서 희생제물을 제사드렸다. 그가 빵을 먹이려고 그의 형제들을 불렀다./그들이 빵을 먹고 그 산에서 묵었다./
55(32:1) 라반이 아침에 일찍 일어나 그의 손자들과 딸들에게 키스하고 그들을 축복했다./라반이 그의 장소로 돌아갔다./

32 (32:2) 야아콥이 그의 길을 갔다./
엘로힘의 사자들이 그와 맞닥뜨렸다./
2(32:3) 야아콥이 그들을 보았을 때 일렀다. "이는 엘로힘의 진영이다"/그가 그 장소 이름을 마하나임[197]이라고 불렀다./
3(32:4) 야아콥이 전령들을 자기보다 앞서 그의 형 에싸브에게 보냈다./에돔 들의 쎄이르 땅으로./
4(32:5) 그들에게 명령했다. 이르기를

---

190 맺을 것이다. 191 아람어로 증거의 무더기
192 증거의 무더기 193 지켜보는 곳 194 서로
195 신들 196 이쯔학의 하나님으로
197 두 진영

"너희들은 내 주인 에싸브에게 이렇
게 말해라./당신의 종 야아콥이 이렇
게 말했습니다. '내가 라반과 함께 체
류해서 지금까지 지체했습니다./
5(32:6) 내게 소와 나귀와 양 염소 떼
와 남종과 여종이 있습니다./내가 내
주인의 눈에서 은혜를 얻기 위해 알
려드리라고 보냈습니다.'"/
6(32:7) 전령들이 야아콥에게 돌아왔다.
이르기를/"우리가 당신의 형제 에싸
브에게 갔습니다. 그도 당신을 맞으러
오고 있습니다. 400명의 남자가 그와
함께 있습니다"/
7(32:8) 야아콥이 매우 두려워하고 고
민했다./그와 함께 있는 백성과 양 염
소 떼와 소와 낙타들을 두 진영으로
나누었다./
8(32:9) 그가 말했다. "만약 에싸브가
한 진영으로 와서 치면/그 남겨진 진
영은 도피할 수 있도록"/
9(32:10) 야아콥이 일렀다. "제 조부
아브라함의 엘로힘, 제 아버지 이쯔
학의 엘로힘이시여/아도나이께서 제
게 이르셨습니다. '네 땅과 네 친척
에게 돌아가라. **내**가 네게 잘해줄 것
이다.'/
10(32:11) 당신께서 당신의 종에게 행하
신 모든 자비와 모든 성실에 비해 저
는 자격이 없습니다./왜냐하면 제가
나뭇가지 하나로 바로 이 야르덴을
건넜는데, 이제 제가 두 진영이 되었
기 때문입니다./
11(32:12) 제 형의 손에서, 에싸브의 손
에서, 제발! 저를 구원해주십시오./왜
냐하면 제가 두려워하고 있기 때문입
니다. 그가 와서 저와 제 처자식들을
치지 않도록./
12(32:13) 당신께서 제게 이르셨습니다.
'**내**가 정말로 네게 잘해줄 것이다./
내가 네 씨를 바다의 모래 같게 할
것이다. 많아서 셀 수 없도록'"/
13(32:14) 그가 그 밤에 바로 거기서 묵
었다./그가 손에 들어오는 것[198] 중에
서 그의 형 에싸브를 위해 선물을 취
했다./
14(32:15) 암염소가 200, 수염소가 20/
암 양이 200, 숫양이 20/
15(32:16) 젖을 물리는 낙타와 새끼가
30/암소가 40, 어린 황소가 10, 암
나귀가 20, 수나귀가 10./
16(32:17) 그가 종들의 손에 떼와 떼로
분리해서 주었다./그가 종들에게 일렀
다. "나보다 먼저 건너고, 떼와 떼 사
이에 간격을 두어라"/
17(32:18) 그가 선두에게 명령했다. 이
르기를/"내 형 에서가 너와 마주치면
물을 것이다. 이르기를 '너는 누구에
게 속했으며 어디로 가느냐? 네 앞의
것들은 누구에게 속했느냐?'/
18(32:19) 그러면 너는 일러라. 당신의
종의 것 야아콥의 것인데, 제 주인 에
싸브에게 보내진 선물입니다./보십시
오! 그도 우리 뒤에 있습니다"/
19(32:20) 그가 그 둘째에게 그리고 그
셋째에게, 그 떼를 따라가는 모두에게

198 소유하는 것

도 명령했다. 이르기를/"너희가 그를
발견하면 이 방법대로 말할 것이다./
20(32:21) 너희는 이를 것이다. '당신의
종 야아콥도 우리 뒤에 있습니다' "/
왜냐하면 그가 말했기 때문이다. "나
는 내 앞에 가고 있는 선물로 그의
얼굴을 덮을 것이다[199]. 그런 후에 내
가 그의 얼굴을 볼 것이다. 아마 그가
내 얼굴을 들어올릴 것이다[200]"/
21(32:22) 그 선물이 그의 얼굴 앞을 지
나갔다./그는 진영에서 그 밤에 머무
르고 있었다./
22(32:23) 그가 밤에 일어나 그의 두 아
내와 그의 두 여종과 그의 열 한 아
이들을 취했다./그가 얍복 여울을 건
넜다./
23(32:24) 그가 그들을 데리고 시내를
건너게 했다./그의 소유물을 건너게
했다./
24(32:25) 야아콥은 혼자 남았다./어떤
남자가 아침이 올라오기까지 그와 씨
름했다./
25(32:26) **그**가 그를 이길 수 없음을 보
고 손바닥으로 그의 허벅지를 건드렸
다./야아콥의 고관절이 그와 씨름할
때 탈구되었다./
26(32:27) **그**가 일렀다. "아침이 올라오
기 때문에 **나**를 보내줘라"/그가 일렀
다. "**당신**이 나를 축복하지 않았기 때
문에 내가 당신을 보내지 않겠습니
다"/
27(32:28) **그**가 그에게 일렀다. "네 이
름이 무엇이냐?"/그가 대답했다. "야
아콥입니다"/
28(32:29) **그**가 일렀다. "더 이상 네 이
름이 야아콥이 아니라, 오히려 이쓰라
엘로 일러질 것이다./왜냐하면 네가
엘로힘과 더불어 그리고 사람들과 더
불어 싸웠고, 네가 이겼기 때문이다"/
29(32:30) 야아콥이 물어 일렀다. "제발!
당신의 이름을 알려주십시오" **그**가
일렀다. "네가 **내** 이름을 묻다니, 왜
이러느냐?[201]"/**그**가 거기서 그를 축
복했다[202]./
30(32:31) 야아콥이 그 장소의 이름을
프니엘[203]이라고 불렀다./왜냐하면 "
내가 얼굴과 얼굴로 엘로힘을 보았지
만 내 생명이 구원받았다"라고 했기 때
문이다./
31(32:32) 그가 프누엘을 지날 때 그의
위로 해가 돋았다./그는 허벅지 때문
에 절었다./
32(32:33) 그러므로 바로 오늘까지 이쓰
라엘 자손은 허벅지 구멍에 있는 관
절의 힘줄을 먹지 않는다./그가 야아
콥의 허벅지 구멍에 있는 관절의 힘
줄을 건드렸기 때문이다./

33 야아콥이 눈을 들어 바라보았다.
보라! 에싸브가 400명의 남자를 거느
리고 오고 있었다./그가 아이들을 레
아에게, 라헬에게, 두 여종들에게로
나누었다./

199 만족하게 할 것이다 200 용서할 것이다. 201 내 이름을 물으면 안된다 202 작별했다
203 엘의 얼굴

2 여종들과 그들의 아이들은 선두에 두
었다./레아와 그녀의 아이들은 그 다
음에, 라헬과 요셉은 맨 뒤에./
3 그는 그들의 앞으로 지나갔다./그가
땅에 일곱 번 엎드렸고, 그의 형에까
지 다가갔다./
4 에싸브가 그를 만나기 위해 달려와서,
끌어안고, 그의 목 위에 떨어지고,[204]
키스했다./그들이 울었다./
5 에싸브가 눈을 들어 여인들과 아이들
을 보고 일렀다. "네게 속한 이들은
누구냐?"/그가 대답했다. "엘로힘이
당신의 종에게 은혜를 베푸신 아이들
입니다"/
6 여종들과 그들의 아이들이 다가와서
엎드렸다./
7 레아와 그녀의 아이들도 다가와서 엎
드렸다./요셉과 라헬이 다가와서 엎드
렸다./
8 에싸브가 일렀다. "내가 마주친 이 모
든 진영은 네게 무엇이냐?"/그가 대
답했다. "당신의 눈에서 은혜를 얻기
위한 것입니다"/
9 에싸브가 일렀다. "나도 많이 있다"/내
동생아, 네 것은 네 것이 되게 해라"/
10 야아콥이 일렀다. "제발! 그렇게 하지
마시기 바랍니다. 제발! 제가 만약 당
신의 눈에서 은혜를 얻었다면, 제 손
에서 제 선물을 취하십시오./왜냐하면
제가 당신의 얼굴을 보니 엘로힘의
얼굴을 보는 것 같고, 당신도 저를 기
쁘게 여기십니다./
11 제발! 제게 들어온 제 축복을 취하십
시오. 엘로힘이 제게 은혜를 베푸셨
고, 제게는 모든 것이 있기 때문입니
다"/그가 밀어붙이자 그가 받았다./
12 그가 일렀다. "우리가 출발해서 가
자./내가 네 앞에 갈 것이다"/
13 그가 그에게 일렀다. "제 주인은 아
십니다. 아이들은 약하고, 젖을 먹이
는 양 염소 떼와 소가 제 곁에 있습
니다./ 하루만 그들을 두들기면[205] 모
든 양 염소 떼가 죽을 것입니다./
14 모쪼록 제 주인은 종의 앞을 지나가
십시오./저는 제 앞에 있는 일의 발을[206]
따라, 아이들의 발을 따라 제 주인에
게 쎄이르로 갈 때까지 천천히 인도
하겠습니다"/
15 에싸브가 일렀다. "모쪼록! 내가 나와
함께 있는 백성 중에서 네게 두게 해
라"/그가 일렀다. "왜 이러십니까? 제
가 제 주인의 눈에서 은혜를 얻게 하
십시오"/
16 바로 그 날에 에싸브는 그의 길을 쎄
이르로 돌렸다./
17 야아콥은 숙콧으로 이동해서 자기를
위해 집을 지었다./그리고 가축을 위
해 축사를 지었다. 그러므로 그 장소
이름을 숙콧[207]이라고 불렀다./
18 야아콥이 팟단 아람을 떠나 크나안
땅의 샬렘 곧 쉐켐 성으로 왔다./그가
그 성 앞에 텐트를 쳤다./
19 그가 거기 그의 텐트를 펼친 들의 한
몫을 쉐켐의 아버지 하모르의 아들들

204 목을 맞대고 205 재촉하여 몰면 206 가축의 걸음걸이를 207 축사

의 손에서 샀다./100 크씨타[208] 로./
20 그가 거기에 제단을 쌓았다./그것을
엘 엘로헤 이쓰라엘[209] 이라고 불렀다./

34 레아가 야아콥에게 낳은 딸 디나가
외출했다./그 땅의 딸들을 보기 위해./
2 그 땅의 지도자인 히브 족속 하모르
의 아들 쉐켐이 그녀를 보았다./그가
그녀를 취했고 동침했고 괴롭혔다./
3 그의 생명이 야아콥의 딸 디나에게
달라붙었다./그가 그 소녀를 사랑하고
그녀의 마음에 말했다[210]./
4 쉐켐이 그의 아버지 하모르에게 말했
다. 이르기를/"나를 위해 바로 이 소
녀를 아내로 취해주세요"/
5 그가 그의 딸 디나를 더럽혔다는 것
을 야아콥이 들었다. 그러나 그의 아
들들은 들에서 가축과 함께 있었다./
야아콥은 그들이 돌아오기까지 침묵
했다./
6 쉐켐의 아버지 하모르는 야아콥에게
나아왔다./그에게 말하기 위해./
7 야아콥의 아들들이 들었을 때 들에서
돌아왔다. 그들이 사람마다 슬퍼하며
몹시 화를 냈다./왜냐하면 그가 야아
콥의 딸과 동침하여, 이쓰라엘에게 그
렇게 행해지지 말아야 할 수치스러운
일을 저질렀기 때문이다./
8 하모르가 그들에게 말했다. 이르기를/
"내 아들 쉐켐, 그의 생명이 당신들의
딸에게 달라붙었습니다. 모쪼록 그녀
를 그에게 아내로 주십시오./
9 당신들은 우리와 통혼하십시오./당신
들의 딸을 우리에게 줄 것이며, 우리
딸을 당신들이 취할 것입니다./
10 당신들은 우리와 함께 거주할 것입니
다./이 땅이 당신들 앞에 있습니다.
당신들은 거주하며 무역하며 그 안에
서 기업을 얻으십시오./
11 쉐켐이 그녀의 아버지와 형제들에게
일렀다. "제가 당신들의 눈에서 은혜
를 얻게 하십시오./제게 말하는 것은
제가 드릴 것입니다./
12 당신들이 제게 아무리 지나치게 신부
대금과 선물을 많게 해도, 제게 말하
면 제가 드리겠습니다./제게 이 소녀
를 아내로 주십시오"/
13 야아콥의 아들들이 쉐켐과 그의 아버
지 하모르에게 속여서 대답했다./그래
서 그들이 말했다. 왜냐하면 그가 그
들의 누이 디나를 더럽혔기 때문이다./
14 그들이 그들에게 일렀다. "우리가 이
일을 행할 수는 없습니다. 우리 누이를
포피가 있는 남자에게 주는 것은./그
것은 우리에게 수치이기 때문입니다./
15 오직 이것으로써 우리가 당신들에게
동의하겠습니다./만약 당신들 중 모
든 남자가 할례를 받아 우리와 같이
되면/
16 우리의 딸들을 당신들에게 줄 것이고,
당신들의 딸들을 우리가 취할 것입니
다./우리가 당신들과 함께 거주하여,
우리가 한 백성이 될 것입니다./
17 만약 당신들이 할례 받는 것을 우리

208 은 조각 100개 209 이쓰라엘의 엘로힘 엘
210 다정하게 말했다

에게 듣지 않는다면/우리의 딸을 데
리고 갈 것입니다"/
18 그들의 말이 하모르의 눈에 좋았다./
그리고 하모르의 아들 쉐켐의 눈에
좋았다./
19 그 소년이 그 일 행하기를 지체하지
않았다. 그가 야아콥의 딸을 기뻐했기
때문이다./그는 그의 아버지 집에서
가장 영예로웠다./
20 하모르와 그의 아들 쉐켐이 그들의
성문으로 왔다./그들이 성의 남자들에
게 말했다. 이르기를/
21 "이 사람들은 우리와 더불어 평화롭
습니다. 그들이 이 땅에서 거주하며
우리와 더불어 무역하게 합시다. 보십
시오! 이 땅은 그들 앞에서 충분히
넓습니다./우리를 위해 그들의 딸들을
아내들로 취하고, 우리의 딸들도 그들
에게 줍시다./
22 오직 이것으로써 그 남자들이 우리와
함께 거주하고 한 백성이 되는 것을
우리와 동의할 것입니다./그들이 할례
받은 것처럼 우리 모든 남자가 할례
받음으로써./
23 그들의 가축과 그들의 재산과 모든
짐승이 우리의 것 아닙니까?/오직 우
리가 그들에게 동의만 합시다. 그러면
그들이 우리와 함께 거주할 것입니
다"/
24 성문으로 나가는 모두가 하모르와 그
의 아들 쉐켐에게 들었다./성문으로
나가는 모든 남자가 할례 받았다./
25 셋째 날이 되어 그들이 아파하는 중
이었다. 야아콥의 두 아들, 디나의 형
제들인 쉬므온과 레뷔가 각자의 칼을
가지고 그 성에 안전하게[211] 들어갔
다./그들이 모든 남자를 쳐죽였다./
26 그들이 하모르와 그의 아들 쉐켐을
칼의 입[212]으로 쳐죽였다./그들이 디
나를 데리고 쉐켐의 집에서 빠져나왔
다./
27 야아콥의 아들들이 칼 맞은 자들[213]
에게 와서 그 성을 약탈했다./그들의
누이를 더럽혔기 때문에./
28 그들의 양 염소 떼와 그들의 소와 그
들의 나귀들을/성 안에 있는 것과 성
밖에 있는 것을 그들이 취했다./
29 그들의 모든 재산과 모든 유아들과
모든 아내들을 사로잡고 약탈했다./집
에 있는 모든 것을./
30 야아콥이 쉬므온과 레뷔에게 일렀다.
"너희는 나를 골치 아프게 했다. 이
땅의 원주민들 가운데, 크나안 사람
가운데, 프리즈 사람 가운데 나를 악
취 풍기게[214] 함으로써./나는 숫자가
적다. 그들이 나를 대항해서 모이고 나
를 치면 나와 내 집이 파멸될 것이다"/
31 그들이 일렀다. "그가 우리 누이를
어떻게 성매매 여성처럼 대합니까?"

35 엘로힘이 야아콥에게 이르셨다. "일
어나라. 벧엘로 올라가서 거기에 거주
해라./거기에 제단을 만들어라. 네 형
제 에싸브의 얼굴로부터 도망치던 중

211 담대하게 212 칼 날
213 칼에 죽은 자들 214 혐오스럽게

에 네게 뵈어진 엘을 위해"/
2 야아콥이 그의 집에 그리고 그와 함
께 하는 모두에게 일렀다./너희 가운
데 있는 외국인의 신들을 떠나라. 너
희를 정결하게 하고 겉옷을 바꿔라./
3 우리가 일어나 벧엘로 올라가자./거기
에 내가 제단을 만들 것이다. 나의 환
난 날에 내게 대답하셨고, 내가 가던
길에서 나와 함께 하신 엘에게"/
4 그들이 야아콥에게 그들의 손에 있는
모든 외국인의 신들과, 그들의 귀에
있는 귀걸이들을 주었다./야아콥이 그
것들을 쉐켐 근처 엘라나무[215] 아래
에 묻었다./
5 그들이 출발했다./엘로힘의[216] 공포가
그들 주변의 성들 위에 있었다./그들이
야아콥의 아들들을 뒤쫓지 않았다./
6 야아콥이 크나안 땅 루즈[217] 곧 벧엘
로 왔다./그와 함께 있는 모든 백성이./
7 그가 거기에 제단을 쌓고 그 장소를
엘 벧엘[218]이라고 불렀다./형의 얼굴
로부터 도망칠 때 **그**가 그에게 계시
되었기 때문이다./
8 리브카의 유모 드보라가 죽어서 벧엘
상수리나무 아래에 매장되었다./그가
그 이름을 알론 바쿳[219]이라고 불렀
다./
9 팟단 아람에서 돌아왔을 때 엘로힘이
야아콥에게 다시 뵈어졌다./**그**가 그를
축복하셨다./
10 엘로힘이 그에게 이르셨다. "네 이름
이 야아콥이지만/네 이름이 더 이상
야아콥으로 불리지 않을 것이고, 이쓰
라엘이 네 이름이다". **그**가 그의 이름
을 이쓰라엘로 부르셨다./
11 엘로힘이 그에게 이르셨다. "나는 엘
샷다이[220]이다. 자녀 낳고 많아져라.
나라와 나라들의 회중이 네게서 일어
날 것이다./왕들이 네 허리[221]에서 나
올 것이다./
12 **내**가 아브라함과 이쯔학에게 주었던
이 땅을 **내**가 너에게 준다./**내**가 너와
네 뒤의 씨에게 이 땅을 준다./
13 엘로힘이 그의 위로 올라가셨다./그
와 더불어 말씀하시던 그 장소에서./
14 **그**가 그와 더불어 말씀하시던 그 장
소에 야아콥이 기둥 곧 돌 기둥을 세
웠다./그가 그 위에 전제물을 붓고,
그 위에 기름을 부었다./
15 엘로힘이 그와 더불어 말씀하시던 그
장소의 이름을 야아콥이 벧엘이라고
불렀다./
16 그들이 벧엘에서 출발했다. 에프랏에
들어가기까지 아직 키브라트[222] 거리
였다./라헬이 출산할 때, 난산을 했다./
17 그녀가 난산할 때였다. 산파가 그녀
에게 말했다. "두려워하지 말기 바랍니
다. 이 아이도 당신에게 아들입니다"/
18 그녀가 죽으며 생명이 빠져나갈 때였
다. 그녀가 그의 이름을 벤 오니[223]라
고 불렀다./하지만 그의 아버지가 그
를 빈야민[224]이라고 불렀다./
19 라헬이 죽었다./그녀가 에프라타 곧

215 테레빈나무 216 무시무시한 217 아몬드
218 벧엘의 엘 219 애곡의 상수리나무
220 전능한 엘 221 생식기 222 두 시간쯤 걸리는 223 내 고통의 아들 224 오른 손의 아들

베들레헴으로 가는 길에 매장되었다./
20 야아콥이 라헬의 무덤 곁에 비석을
세웠다./오늘까지 라헬의 무덤의 비석
이다./
21 이쓰라엘이 출발했다./그가 미그달
에데르[225] 너머에 텐트를 쳤다./
22 이쓰라엘이 그 땅에 정착할 때였다.
르우벤이 가서 아버지의 첩 빌하와 동
침했다./이쓰라엘이 들었다./야아콥의
아들들은 열 둘이다./
23 레아의 아들들은 야아콥의 맏아들 르
우벤과/쉬므온과 레뷔와 예후다 그리
고 잇싸카르와 즈불룬이다./
24 라헬의 아들들은 요셉과 빈야민이다./
25 라헬의 여종 빌하의 아들들은 단과
납탈리이다./
26 레아의 여종 질파의 아들들은 갓과
아쉐르이다./이들은 팟단 아람에서 야
아콥에게 낳아진 아들들이다./
27 야아콥이 마므레 키르얏 아르바에 있
는 그의 아버지 이쯔학에게 왔다./그
곳은 아브라함과 이쯔학이 체류하던
헤브론이다./
28 이쯔학의 날들이었다./180년이었다./
29 이쯔학이 숨을 거두고 죽었다. 늙고
만족스러운 날들에 자기 백성에게 모
아졌다./그의 아들 에싸브와 야아콥이
그를 매장했다./

36 이것은 에싸브 곧 에돔의 계보이다.
2 에싸브가 크나안의 딸들 중에서 그의
아내들을 취했다./헷 족속 엘론의 딸
아다를, 히뷔 족속 찌브온의 손녀이자
아나의 딸 오홀리바마를/
3 느바욧의 누이이자 이쉬마엘의 딸 바
쓰맛을./
4 아다는 에싸브에게 엘리파즈를 낳았
다./바쓰맛은 르우엘을 낳았다./
5 오홀리바마는 예우쉬와 얄람과 코라
흐를 낳았다./이들은 크나안 땅에서
에싸브에게 낳아진 아들들이다./
6 에싸브가 그의 아내들과, 그의 아들들
과, 그의 딸들과, 그의 집의 모든 사
람과, 그의 모든 가축과, 그의 모든
짐승과, 그가 크나안 땅에서 얻은 모
든 재산을 취했다./그의 형제 야아콥
의 얼굴로부터 다른 땅으로 갔다./
7 그들이 함께 거주하기에 그들의 재산
이 많았기 때문이다./그들이 체류하고
있는 땅이 그들의 가축 때문에 그들
을 용납할 수 없었기 때문이다./
8 에싸브가 쎄이르 산에 거주했다. 에싸
브는 곧 에돔이다./
9 이것은 에돔 족속의 조상 에싸브의
계보이다./쎄이르 산에 있는/
10 이것은 에싸브 자손의 이름들이다./
에싸브의 아내 아다의 아들은 엘리파
즈이다. 에싸브의 아내 바쓰맛의 아들
은 르우엘이다./
11 엘리파즈의 아들들은/테만, 오마르,
쯔포 그리고 가탐과 크나즈이다./
12 에싸브의 아들 엘리파즈의 첩 팀나는
엘리파즈에게 아말렉을 낳았다./이들
은 에싸브의 아내 아다의 자손이다./

225 양떼의 망대

13 르우엘의 아들들은 나핫과 제라흐와
삼마와 미자이다./이들은 에싸브의 아
내 바쓰맛의 자손이다./
14 이들은 찌브온의 손녀이자 아나의 딸
이며 에싸브의 아내인 오홀리바마의
아들들이다./그녀가 에싸브에게 예우
쉬와 얄람과 코라흐를 낳았다./
15 이들은 에싸브 자손의 족장들이다./
에싸브의 맏아들 엘리파즈의 자손은
테만 족장, 오마르 족장, 쯔포 족장,
크나즈 족장/
16 코라흐 족장, 가탐 족장, 아말렉 족장
이다./이들은 에돔 땅의 엘리파즈의
족장들이다. 이들은 아다의 자손이다./
17 이들은 에싸브의 아들 르우엘의 자손
이다. 나핫 족장, 제라흐 족장, 삼마
족장, 미자 족장./이들은 에돔 땅의
르우엘의 족장들이다. 에싸브의 아내
바쓰맛의 자손이다./
18 이들은 에싸브의 아내 오홀리바마의
자손이다. 예우쉬 족장, 얄람 족장,
코라흐 족장./이들은 아나의 딸이자
에싸브의 아내인 오홀리바마의 족장
들이다./
19 이들은 에싸브의 자손이며, 이들은
에돔의 족장들이다./
20 이들은 그 땅의 원주민 호르 사람 쎄
이르의 아들들이다./로탄과 쇼발과 찌
브온과 아나/
21 디숀과 에쩨르와 디샨이다./이들은
에돔 땅 쎄이르의 아들들로서 호르
사람의 족장들이다./
22 로탄의 자손은 호리와 헤맘/로탄의
누이는 팀나이다./
23 이들은 쇼발의 자손이다. 알봔과 마
나핫과 에발/쉬포와 오남./
24 이들은 찌브온의 자손이다. 아야와
아나./아나는 광야에서 온천을 발견했
다. 그의 아버지 찌브온의 나귀들을
풀 뜯길 때./
25 이들은 아나의 자손이다. 디숀과/아
나의 딸인 오홀리바마./
26 이들은 디숀의 자손이다./헴단과 에
쉬반과 이트란과 크란./
27 이들은 에쩨르의 자손이다./빌한과
자아봔과 아칸./
28 이들은 디샨의 자손이다. 우쯔와 아
란./
29 이들은 호르 사람의 족장들이다./로
탄 족장, 쇼발 족장, 찌브온 족장, 아
나 족장,/
30 디숀 족장, 에쩨르 족장, 디산 족장./
이들은 쎄이르 땅에 있는 호르 족속
의 족장들이다./
31 이들은 에돔 땅을 다스리던 왕들이
다./이쓰라엘 자손의 왕이 다스리기
전에./
32 브오르의 아들 벨라가 에돔을 다스렸
다./그 성의 이름은 딘하바였다./
33 벨라가 죽었다./그를 대신해서 보쯔
라 사람 제라흐의 아들 요밥이 다스
렸다./
34 요밥이 죽었다./그를 대신해서 테만
족속 땅의 후샴이 다스렸다./
35 후샴이 죽었다./그를 대신해서 모압
들에서 미디안을 친 브닷의 아들 하

닷이 다스렸다. 그 성의 이름은 아뷧
이었다./
36 하닷이 죽었다./그를 대신해서 마쓰
레카 사람 쌈라가 다스렸다./
37 쌈라가 죽었다./그를 대신해서 그 강[226]
으로부터 르호봇의 샤울이 다스렸다./
38 샤울이 죽었다./그를 대신해서 악보
르의 아들 바알 하난[227]이 다스렸다./
39 악보르의 아들 바알 하난이 죽었다.
그를 대신하여 하다르가 다스렸다. 그
성의 이름은 파우였다./그의 아내의
이름은 므헤타브엘[228]인데, 마트렛의
딸이자 메 자하브[229]의 손녀였다./
40 이들은 가문과 장소와 이름에 따른
족장들의 이름들이다./팀나 족장, 알
봐 족장, 에텟 족장,/
41 오홀리바마 족장, 엘라 족장, 피논 족장,/
42 크나즈 족장, 테만 족장, 밉짜르 족장,/
43 막디엘 족장, 이람 족장이다./이들은
그들 땅의 거주지와 소유지에 따른
에돔 족장들이다. 에싸브는 에돔의 조
상이다./

37 야아콥이 그의 아버지가 체류하던
땅에 거주했다./크나안 땅에./
2 이것은 야아콥의 계보이다. 요셉이 17
세였고 그의 형제들과 함께 양 염소
떼를 치곤 했다. 그는 그의 아버지의
아내들, 빌하의 아들들과 질파의 아들
들과 함께하는 소년이었다./요셉이 그
들에 대해 나쁜 소문을 그들의 아버
지에게 가져왔다./
3 이쓰라엘이 그의 모든 아들들보다 요
셉을 더 사랑했다. 그가 그에게 노년
의 아들이었기 때문이다./그가 그를
위해 소매 있는 반코트를 만들었다./
4 그의 형제들이 보았다. 그들의 아버지
가 그의 모든 형제들보다 그를 더 사
랑하는 것을. 그래서 그들이 그를 미
워했다./그들은 그에게 평화롭게 말할
수 없었다./
5 요셉이 꿈을 꾸고 그의 형제들에게
이야기했다./그들이 더욱 여전히 그를
미워했다./
6 그가 그들에게 일렀다./"모쪼록! 내가
꾼 바로 이 꿈을 들으십시오./
7 보십시오! 우리가 들에서 곡식단을
묶었습니다. 보십시오! 내 곡식단이
일어나고, 세워졌습니다./보십시오!
당신들의 곡식단들이 둘러쌌고, 내 곡
식단을 향해 엎드렸습니다"/
8 그의 형제들이 그에게 일렀다. "네가
정말로 우리 위에서 통치하겠느냐?
정말로 우리 안에서 다스리겠느냐?"/
그의 꿈들과 그의 말들 때문에, 그들
이 더욱 여전히 그를 미워했다./
9 그가 다시 다른 꿈을 꾸고 그의 형제
들에게 그것을 이야기했다./그가 일렀
다. "보십시오! 내가 다시 꿈을 꾸었
습니다. 보십시오! 해와 달과 11 별이
내게 엎드렸습니다"/
10 그가 그의 아버지와 형제들에게 이야
기했다. 그의 아버지가 그를 꾸짖었
다. 그가 그에게 일렀다. "네가 꾼 바

226 유프라테스 강 227 은혜의 바알
228 엘이 선대하심 229 황금의 물

로 이 꿈이 무엇이냐?/나와 네 어머
니와 네 형제들이 땅에 엎드리기 위
해 정말로 네게 가겠느냐?"
11 그의 형제들은 그를 질투했다./그러
나 그의 아버지는 그 말을 지켰다./
12 그의 형제들이 갔다./쉐켐에서 그의
아버지의 양 염소 떼를 치기 위해./
13 야아콥이 요셉에게 일렀다. "네 형제
들이 쉐켐에서 풀을 뜯기고 있지 않
느냐? 오라. 내가 너를 그들에게 보낼
것이다"/그가 그에게 일렀다. "제가
여기에 있습니다"[230]/
14 그가 그에게 일렀다. "모쪼록! 가라.
네 형제들이 온전한지 양 염소 떼가
온전한지 보아라. 그리고 내게 돌아와
서 말해라"/그가 그를 헤브론 골짜기
로부터 보냈다. 그가 쉐켐으로 갔다./
15 한 사람이 그를 발견했다. 보라! 그가
들에서 방황하고 있었다./그 사람이
그에게 물었다. 이르기를 "네가 무엇
을 찾느냐?"/
16 그가 대답했다. "내가 내 형제들을
찾고 있습니다./그들이 어디서 풀을
뜯기고 있는지, 모쪼록! 제게 알려주
십시오"/
17 그 사람이 일렀다. "그들이 여기서
떠났다. '우리가 도탄으로 가자' 고 그
들이 말하는 것을 내가 들었다"/요셉
이 그의 형제들의 뒤를 따라 갔다. 그
가 도탄에서 그들을 발견했다./
18 그들이 멀리서 그를 보았다./그가 아
직 그들에게 가까이오지 않았을 때,
그들이 그를 죽이기로 작당했다./
19 그의 형제들이 서로 말했다./"보라!
그 꿈들의 주인이 오고 있다./
20 자, 오라. 그를 쳐죽이고 한 구덩이에
던지자. 그리고 '악한 야생동물이 그
를 먹었습니다' 라고 이르자./그의 꿈
들이 어떻게 될지 우리가 볼 것이다"/
21 르우벤이 듣고 그를 그들의 손에서
구원했다./그가 일렀다. "우리가 생명을
해치지는 말자"/
22 르우벤이 그들에게 일렀다. "너희는
피를 흘리지 말기 바란다. 그를 바로
이 광야 구덩이에 던져라. 손을 그에
게 내밀지 말아라"/그를 그들의 손에
서 구원하기 위해, 그의 아버지에게
되돌리기 위해./
23 요셉이 그의 형제들에게 왔을 때/그
들이 요셉을, 그가 걸친 그의 소매 긴
반코트를 벗겼다./
24 그들이 그를 잡아 구덩이에 던졌다./
그 구덩이는 비었고, 그 속에 물이 없
었다./
25 그들이 빵을 먹기 위해 앉았다가 눈
을 들어 보았다. 보라! 한 무리의 이
쉬마엘 사람들이 길아드로부터 오고
있었다./그들의 낙타들은 향품과 유향
과 몰약을 싣고 미쯔라임으로 내려가
고 있었다./
26 유다가 그의 형제들에게 일렀다./"우
리가 우리 형제를 쳐죽이고 그의 피
를 가리는 것이 무슨 소득이 있는가?/
27 오라. 우리가 그를 이쉬마엘 사람들
에게 팔아 넘기고, 우리 손을 그에게

230 그렇게 하겠습니다

대지 말기 바란다. 왜냐하면 그가 우
리의 형제이고 우리의 살이기 때문이
다"/그의 형제들이 그를 들었다./
28 미디얀 사람들의 상인들이 지나갔다.
그들이 요셉을 구덩이에서 끌어 올렸
다. 그들이 요셉을 이쉬마엘 사람들에
게 은 20개에 팔아 넘겼다./그들이
요셉을 미쯔라임으로 데려갔다./
29 르우벤이 그 구덩이로 돌아왔다. 보
라! 구덩이 안에 요셉이 없었다./그가
자기 옷을 찢었다./
30 그가 그의 형제들에게 돌아와 일렀
다./"아이가 없다. 나는, 나는 어디로
가야 할까?"
31 그들이 요셉의 반코트를 취했다./그
들이 숫염소들 중 하나를 잡았고, 그
반코트를 피에 담갔다./
32 그들이 소매 긴 반코트를 보내어 그
들의 아버지에게 가져갔다. 그들이 일
렀다. "우리가 이것을 발견했습니다./
모쪼록 이 반코트가 당신의 아들 것
인지 아닌지 알아보십시오"/
33 그가 알아보고 일렀다. "내 아들의
반코트이다. 악한 야생동물이 그를 먹
었다./요셉이 정말로 찢겼다"/
34 야아콥이 그의 겉옷을 찢고, 자루로[231]
허리를 둘렀다./그가 그의 아들을 위
해 많은 날을 애도했다./
35 그의 모든 아들들과 모든 딸들이 위
로하려고 일어났다. 하지만 그는 위로
받기를 거절했다. 그가 일렀다. "내가
애도하며 쉐올로 내려갈 것이다"/그
의 아버지가 그를 위해 울었다./
36 미디얀 사람들이 그를 미쯔라임에 팔
아 넘겼다./파르오의 요리사들[232]의
우두머리인 환관 포티파르에게./

38 그 때에 예후다가 그의 형제들로부
터 내려갔다./그가 이름이 히라인 아
둘람 사람에게로 떠나갔다./
2 예후다가 거기서 이름이 슈아인 크나
안 사람의 딸을 보았다./그가 그녀를
취하고 그녀에게 들어갔다./
3 그녀가 임신하고 아들을 낳았다./그가
그의 이름을 에르라고 불렀다./
4 그녀가 다시 임신하고 아들을 낳았
다./그녀가 그의 이름을 오난이라고 불
렀다./
5 그녀가 계속해서 다시 아들을 낳았다.
그녀가 그의 이름을 쉘라라고 불렀
다./그녀가 그를 낳을 때 그는 크집에
있었다./
6 예후다가 그의 맏아들 에르를 위해 아
내를 취했다./그녀의 이름은 타마르[233]
였다./
7 예후다의 맏아들 에르는 아도나이의
눈에 악했다./그래서 아도나이가 그를
죽이셨다./
8 예후다가 오난에게 일렀다. "네 형수
에게 들어가서 그녀에게 야밤해라[234]./
네 형을 위해 씨를 일으켜라"/
9 오난은 그 씨가 그의 것이 되지 않을
줄 알았다./그래서 그의 형수에게 들
어갔을 때 땅에다 파괴해 버렸다. 그

231 부대로 232 사형집행인들 233 대추야자나무
234 시동생의 의무로 임신시켜라.

의 형제에게 씨를 주지 않으려고./
10 그가 행한 일이 아도나이의 눈에 악
했다./**그**가 그도 죽이셨다./
11 예후다가 며느리 타마르에게 일렀다.
"내 아들 쉘라가 장성하기까지 네 아
버지 집에서 과부로 거주해라" 쉘라
그도 그의 형제들처럼 죽지 않게 하
기 위해 그가 일렀다./타마르가 그녀
의 아버지 집에 가서 거주했다./
12 많은 날들이 있었고, 예후다의 아내
슈아의 딸이 죽었다./예후다가 위로를
받은 다음 그의 양 염소 떼의 털 깎
는 자에게로 올라갔다. 그와 그의 친
구 아둘람 사람 히라가 팀나로./
13 그것이 타마르에게 알려졌다. 이르기
를/"보라! 네 시아버지가 양 염소 떼
의 털을 깎으려고 팀나로 올라왔다"/
14 그녀가 과부의 옷을 벗고, 베일로 가
리고, 꽁꽁 싸고, 팀나로 가는 길 옆
에나임[235] 입구에 앉았다./왜냐하면
쉘라가 장성했는데도 그녀가 그에게
아내로 주어지지 않음을 보았기 때문
이다./
15 예후다가 그녀를 보았지만 성매매 여
성으로 생각했다./그녀가 얼굴을 가렸
기 때문이다./
16 그가 길 곁의 그녀를 향해 벗어나서
일렀다. "오라. 모쪼록! 내가 너에게
들어가게 해라" 왜냐하면 그는 그녀
가 그의 며느리인 줄 몰랐기 때문이
다./그녀가 일렀다. "당신이 무엇을
주고, 내게 들어오려고 합니까?"
17 그가 일렀다. "내가 양 염소 떼에서
염소 새끼를 보낼 것이다"/그녀가 일
렀다. "당신이 보낼 때까지 담보물을
주겠습니까?"
18 그가 일렀다. "내가 네게 주어야 하
는 담보물이 무엇이냐?" 그녀가 대답
했다. "당신의 인장반지와 당신의 노
끈과 당신 손의 지팡이입니다"/그가
그녀에게 주었고, 그녀에게 들어갔고,
그녀가 그를 통해 임신했다./
19 그녀가 일어나서 갔고, 베일을 벗었
다./그녀가 과부의 옷을 입었다./
20 예후다가 그 여자의 손에서 담보물을
취하기 위해, 그의 친구 아둘람 사람
의 손에 염소 새끼를 보냈다./그러나
그가 그녀를 발견하지 못했다./
21 그가 그 장소의 사람들에게 물었다.
이르기를 "길 곁의 에나임에 있던 신
전 성매매 여성이 어디에 있습니까?"/
그러자 그들이 대답했다. "이곳에는
신전 성매매 여성이 있은 적이 없습
니다"/
22 그가 예후다에게 돌아와서 일렀다.
"내가 그녀를 발견하지 못했다./그 장
소의 사람들도 '이곳에 신전 성매매
여성이 있은 적이 없다' 고 대답했다"/
23 예후다가 일렀다. "그녀가 그것을 가
지게 해라. 우리가 멸시당하지 않도
록./보라! 내가 바로 이 염소를 보냈
지만, 네가 그녀를 발견하지 못했다"/
24 석 달쯤 지났을 때 예후다에게 전해
졌다. 이르기를 "당신의 며느리 타마
르가 간음했습니다. 보십시오! 간음으

235 두 개의 샘

로 임신까지 했습니다"/예후다가 일
렀다. "그녀를 끌어내라. 그녀가 불태
워질 것이다"/
25 그녀가 끌려 나갔다. 그녀가 그녀의
시아버지에게 보내어 일렀다. "이것들
의 주인인 남자를 통해 제가 임신했
습니다"/그녀가 일렀다. "모쪼록! 알
아보십시오. 이것들이 누구의 인장반
지와 노끈과 지팡이인지"/
26 예후다가 알아보고 일렀다. "그녀가 나
보다 의롭다. 내가 그녀를 내 아들 쉘
라에게 주지 않았기 때문이다"/그가 더
이상 그녀 알기를[236] 더하지 않았다./
27 그녀가 출산할 때였다./보라! 그녀의
뱃속에 쌍둥이가 있었다./
28 그녀가 출산할 때 손이 나왔다./산파
가 진홍색 실을 취하여 그의 손목에
묶었다. 이르기를 "이 아이가 먼저 나
왔다"/
29 그 후에 그의 손이 되돌아갈 때, 보
라! 그의 형제가 나왔다. 그녀가 일렀
다. "무엇이냐! 네가 터뜨리고 나오다
니, 너를 위한 터뜨림이구나"/그가 그
의 이름을 파레쯔[237]라고 불렀다.
30 그 후에 손목에 진홍색 실이 있는 그
의 형제가 나왔다./그가 그의 이름을
자라흐[238]라고 불렀다./

39 요셉이 미쯔라임으로 내려와졌다./
파르오의 요리사들[239]의 우두머리로
서 미쯔라임 사람 환관인 포티파르가
그를 샀다. 그를 거기로 내려가게 한
이쉬마엘 사람들의 손에서./
2 아도나이가 요셉과 함께 하셨다. 그래
서 그는 성공하는 사람이었다./그가
그의 주인 미쯔라임 사람의 집에 있
었다./
3 아도나이가 그와 함께함을 그의 주인
이 보았다./그가 행하는 모든 것을 아
도나이가 그의 손에서 성공하게 하고
있음을./
4 요셉이 그의 눈에서 은혜를 얻었고,
그를 섬겼다./그가 그로 하여금 자기
의 집을 보살피게 했다. 자기의 모든
소유를 그의 손에 맡겼다./
5 그가 그로 하여금 자기의 집과 자기
의 모든 소유를 보살피게 한 때부터,
요셉 때문에 아도나이가 미쯔라임 사
람의 집을 축복하셨다./아도나이의 축
복이 그의 집과 들의 모든 소유에 있
었다./
6 그가 자기의 모든 것을 요셉의 손에
버려 두고, 자기가 먹는 빵[240] 외에는
아무것도 알지[241] 않았다./요셉은 체
형이 아름답고 용모가 아름다웠다./
7 이 일들이 있은 다음이었다. 그의 주
인의 아내가 요셉에게 눈길을 주었
다[242]./그녀가 일렀다. "나와 동침하
자"/
8 그가 거절하며 그의 주인의 아내에게
일렀다. "보십시오! 내 주인이 집안에
서 나와 함께 있는 어떤 것이든 알지
않습니다./그의 모든 소유를 내 손에
맡겼습니다./

236 성관계하기를 237 뚫음 238 새벽
239 사형집행인/경호원 240 음식
241 간섭하지 242 유혹했다

9 바로 이 집에서 나보다 큰 자는 없습
니다. 그리고 당신 외에는 어떤 것도
금하지 않았습니다. 당신은 그의 아내
이기 때문입니다./그런데 어찌하여 내
가 바로 이 큰 악을 행할 수 있습니
까? 그리고 엘로힘에게 죄를 지을 수
있습니까?"/
10 그때에 그녀가 요셉에게 날마다 말했
다./그러나 그가 그녀를 듣지 않았고,
그녀 곁에 눕지 않았고, 그녀와 함께
있지 않았다./
11 바로 그런 날이었다. 그가 그의 업무
를 보기 위해 그녀의 집에 들어갔다./
그 집의 사람들 중 아무도 거기 그
집에 없었다./
12 그녀가 그의 옷을 붙잡았다. 이르기
를 "나와 동침하자"/그가 자기의 옷
을 그녀의 손에 버려 두고 도망쳐서
밖으로 나왔다./
13 그가 자기의 옷을 그녀의 손에 버리
는 것을 그녀가 보았을 때/밖으로 도
망쳤음을/
14 그녀가 그녀의 집 사람들을 불러서
그들에게 일렀다. 이르기를 "보아라.
그가 이브리 남자로 하여금 우리를
놀리도록 데려왔다./그가 나와 동침하
기 위해 들어왔는데, 내가 큰 소리로
외쳤다./
15 내가 내 소리를 높여 외치는 것을 그
가 들었을 때/그가 그의 옷을 내 곁
에 버려 두고 밖으로 도망쳤다"/
16 그녀가 그의 옷을 그녀 곁에 놓아두
었다./그의 주인이 그의 집으로 올 때
까지/
17 그녀가 그에게 이런 말들로 말했다.
이르기를/"당신이 우리에게 데려온
이브리 종이 나를 놀리기 위해 내게
왔습니다./
18 내가 내 소리를 높여 외치자/그가 자
기 옷을 내 곁에 버려 두고 밖으로
도망쳤습니다."/
19 그의 아내가 그에게 이르기를 "당신
의 종이 내게 이와 같은 일들을 행했
습니다"라고 한 말을 그의 주인이 들
었을 때/그의 코에 불이 붙었다[243]./
20 요셉의 주인이 그를 잡아 둥근 집[244]
에 두었는데, 왕의 죄수들을 가두는
장소였다./그가 거기 둥근 집에 있었
다./
21 아도나이가 요셉과 함께 있었고, 그
에게 자비를 베풀었다./**그**가 둥근 집
간수장의 눈에 **그**의 은혜를 주었다./
22 둥근 집의 간수장이 둥근 집에 있는
모든 죄수들을 요셉의 손에 맡겼다./
거기서 그들이 하고 있는 모든 일들
을 그가 처리하고 있었다./
23 둥근 집의 간수장은 그의 손의 아무
것도 보지 않았다. 아도나이가 그와
함께 하기 때문이었다./그가 하는 것
을 아도나이가 성공하게 하셨다./

40 이런 일들 후에 미쯔라임 왕의 술
따르는 자와 빵 굽는 자가 죄를 지었
다./그들의 주인 미쯔라임 왕에게./
2 파르오가 그의 두 환관에 대해 격노

243 화를 냈다 244 감옥

했다./술 시종장과 제빵장에 대해./
3 그가 그들을 요리사들의 우두머리의
집에 있는 감옥 곧 둥근 집으로 보냈
다./요셉이 거기에 갇혀 있는 장소로./
4 요리사들의 우두머리가 요셉으로 하
여금 그들을 보살피게 했다./감옥에서
여러 날이 지났다./
5 그들 두 사람이 꿈을 꾸었다. 각자 하
루 밤에 꾸었는데, 각각 해석대로 되
는 꿈이었다./둥근 집에 갇힌 미쯔라임
왕의 술 따르는 자와 빵 굽는 자가./
6 요셉이 아침에 그들에게 들어갔다./그
가 그들을 보았다. 보라! 그들이 언짢
아 하고 있었다./
7 요셉이 그의 주인의 집 감옥에 함께
있는 파르오의 환관들에게 물었다. 이
르기를/"무엇 때문에 오늘 당신들의
얼굴이 나쁩니까?"/
8 그들이 그에게 대답했다. "우리가 꿈
을 꾸었는데 아무도 그것을 해석할
자가 없다"/요셉이 그들에게 일렀다.
"해석들은 엘로힘에게 있지 않습니
까? 모쪼록! 내게 이야기하십시오"/
9 술 시종장이 그의 꿈을 요셉에게 이
야기했다./그가 그에게 일렀다. "내
꿈에 내 앞에 포도나무가 있었다./
10 그 포도나무에 세 가지가 있었다./그
것이 싹이 나자마자 자라서 꽃이 피
고 포도송이에 포도들이 익었다./
11 그리고 파르오의 잔이 내 손에 있었
다./내가 포도들을 따서 파르오의 잔
에 짜 넣었다. 내가 그 잔을 파르오의
손바닥 위에 드렸다"/
12 요셉이 그에게 일렀다. "그것의 해석
은 이렇습니다./세 가지는 사흘입니다./
13 사흘안에 파르오가 당신의 머리를 들
어 당신의 직위를 되돌릴 것입니다./
당신이 파르오의 잔을 그의 손에 드
릴 것입니다. 당신이 그의 술 따르는
자였던 이전의 관습대로./
14 만약 당신이 잘 되면 당신과 함께 있
는 나를 꼭 기억하십시오. 제발! 내게
자비를 베푸십시오./파르오에게 나를
말씀드려서, 내가 바로 이 집에서 나
가게 해주십시오./
15 나는 정말로 이브리 사람들의 땅에서
도둑질 당했습니다./여기서도 그들이
나를 이 집에 둘 아무짓도 하지 않았
습니다./
16 제빵장이 해석의 좋음을 보았다./그
가 요셉에게 일렀다. "나도 내 꿈 속에
있었다. 보라! 세 개의 흰 빵 바구니가
내 머리 위에 있었다./
17 맨 위 바구니 안에 빵 굽는 자가 만
든 파르오의 음식들이 있었다./그런데
새들이 내 머리 위의 바구니에서 그
것들을 먹어버렸다"/
18 요셉이 대답하여 일렀다. "그것의 해
석은 이렇습니다./세 바구니는 사흘입
니다./
19 사흘안에 파르오가 당신의 머리를 당
신의 위로 들어 올리고, 당신을 나무
위에 매달 것입니다./그래서 새들이
당신 위에서 당신의 살을 먹을 것입
니다"/
20 사흘째 날은 파르오의 생일이었다.

그가 그의 모든 신하들을 위해 잔치
를 베풀었다./그가 술 시종장의 머리
와 제빵장의 머리를 그의 신하들 가
운데서 들었다./
21 그가 술 시종장을 이전의 직무로 되
돌렸다./그가 파르오의 손바닥 위에
잔을 드렸다./
22 그가 제빵장을 매달았다./그들에게
요셉이 해석한 것과 같았다./
23 하지만 술 시종장은 요셉을 기억하지
않고 잊었다./

41 두 해의 날들 끝이었다./파르오가
꿈을 꾸었다. 보라! 그가 예오르 강[245]
곁에 서있었다./
2 보라! 예오르 강으로부터 용모가 아
름답고 살이 통통한 암소들 일곱 마
리가 올라왔다./그것들이 갈대속에서
풀을 뜯었다./
3 보라! 다른 암소들 일곱 마리가 그들
의 뒤를 따라 예오르 강으로부터 올
라왔는데, 용모가 흉측하고 살이 빼빼
했다./그것들이 그 암소들 곁에, 예오
르 강둑에 서있었다./
4 그 용모가 흉측하고 살이 빼빼한 암
소들이, 용모가 아름답고 살이 통통한
일곱 암소들을 먹었다./파르오가 깨어
났다./
5 그가 잠이 들어 두 번째 꿈을 꾸었
다./보라! 한 줄기에 통통하고 충실한
일곱 이삭들이 올라왔다./
6 보라! 빼빼하고 동풍에 시든 일곱 이
삭들이/그들 뒤에 나왔다./
7 그 빼빼한 이삭들이 통통하고 충실한
일곱 이삭들을 삼켰다./바로가 깨어났
다. 보라! 꿈이었다./
8 아침이 되었는데 그의 영이 시달렸다.
그가 보내어 미쯔라임의 모든 마술사
들과 모든 지혜자들을 불렀다./그가
그들에게 꿈을 이야기했다. 하지만 그
것들을 파르오에게 해석하는 자가 아
무도 없었다./
9 술 시종장이 파르오에게 말했다. 이르
기를/"오늘 저의 죄를 기억합니다./
10 파르오께서 그의 종들에 대해 격노하
셨습니다./그래서 저와 제빵장을 요리
사들의 우두머리 집의 감옥에 두셨습
니다./
11 하루 밤에 저와 그 사람, 우리가 각
자 꿈을 꾸었습니다./각각 해석대로
되는 꿈을 우리가 꾸었습니다./
12 그곳에 요리사들의 우두머리의 종 이
브리 소년이 우리와 함께 있었습니다.
우리가 그에게 이야기했더니, 그가 우
리에게 우리의 꿈을 해석했습니다./그
가 각자의 꿈을 해석했습니다./
13 때가 되어 그가 우리에게 해석한 대
로 되었습니다./저는 저의 직무로 돌
아오게 하셨고, 그는 매다셨습니다./
14 파르오가 보내어 요셉을 불렀다. 그
들이 그를 구덩이[246]에서 뛰어나오게
했다./그가 면도하고[247] 겉옷을 갈아
입고 파르오에게 들어왔다./
15 파르오가 요셉에게 일렀다. "내가 꿈
을 꾸었는데 그것을 내게 해석하는

245 나일 강 246 감옥 247 삭발하고

자가 아무도 없다./너에 대해 들으니
이르기를, '너는 꿈을 들으면 그것을
해석한다' "/
16 요셉이 파르오에게 대답했다. 이르기
를 "제가 아닙니다./엘로힘이 파르오
에게 평안을 대답하실 것입니다"/
17 파르오가 요셉에게 말했다. "내 꿈에,
보라! 내가 예오르 강둑 곁에 서있었다./
18 보라! 예오르 강에서 살이 통통하고
체형이 아름다운 일곱 암소들이 올라
왔다./그들이 갈대 속에서 풀을 뜯었
다./
19 보라! 다른 일곱 암소들이 그들의 뒤
를 따라 올라왔는데, 체형이 매우 흉
측하고 살이 빼빼했다./나는 미쯔라임
온 땅에서 그처럼 흉측한 것들을 보
지 못했다./
20 그 빼빼하고 흉측한 암소들이 먹었
다./처음의 일곱 통통한 암소들을./
21 그것들이 내장으로 들어갔다.[248] 그러
나 그것들이 내장으로 들어간 것으로
알려지지 않고, 시작할 때처럼 흉측했
다./그리고 내가 깨어났다./
22 내가 내 꿈속에서 보았다./보라! 일곱
이삭들이 한 줄기에서 올라왔는데, 꽉
차고 좋았다./
23 보라! 마르고 빼빼하고 동풍에 시든
일곱 이삭들이/그들 뒤에 나왔다./
24 그 빼빼한 이삭들이 그 좋은 일곱 이
삭들을 삼켰다./내가 마술사들에게 일
렀는데, 내게 알려주는 자가 아무도
없다./
25 요셉이 파르오에게 일렀다. "파르오
의 꿈은 그것이 하나입니다./엘로힘이
하실 일을 파르오에게 이야기하셨습
니다./
26 그 일곱 좋은 암소들은 7년입니다.
그 일곱 좋은 이삭들도 7년입니다./
그 꿈은 하나입니다./
27 그 뒤에 올라온 빼빼하고 흉측한 일
곱 암소들은 7년입니다. 동풍에 시들
고 속 빈 일곱 이삭들도 7년의 굶주
림입니다./
28 이것이 제가 파르오에게 말씀드린 말
씀입니다./엘로힘이 하실 일을 파르오
에게 보이신다고 말씀드린./
29 보십시오! 7년이 오고 있습니다./미
쯔라임 온 땅에 일곱 큰 풍족함이./
30 그 뒤에 7년의 굶주림이 일어날 것입
니다./미쯔라임 땅에서 모든 풍부함이
잊어질 것입니다. 그 굶주림이 온 땅
을 끝장낼 것입니다./
31 그 뒤의 그런 굶주림때문에, 이 땅에
서 풍족함을 모르게 될 것입니다./그
것이 너무 심하기 때문입니다./
32 그 꿈이 파르오에게 두 번이었던 것
은/엘로힘으로부터 확정된 일이기 때
문입니다. 엘로힘이 그의 행하심을 서
두르고 있습니다./
33 자, 파르오께서 분별력 있고 지혜로
운 사람을 찾아보십시오./그를 미쯔라
임 땅 위에 두십시오./
34 파르오께서 이렇게 행하십시오. 그로
하여금 땅 위에 관리들을 세우게 하
십시오./풍족한 7년에 미쯔라임의

248 먹어 치웠다

1/5을 걷으십시오.
35 다가오고 있는 이들 좋은 7년에, 그
들로 하여금 모든 양식을 거두게 하
십시오./그들로 하여금 알곡을 파르오
의 손 아래 쌓고, 성들의 양식으로 지
키게 하십시오./
36 그 양식이 미쯔라임 땅에 일어날 7년
의 굶주림을 대비해 땅에 저장되어야
합니다./그러면 땅이[249] 굶주림으로
인해 잘려지지[250] 않을 것입니다"/
37 이 말이 파르오의 눈에 좋았다./그리
고 그의 모든 신하들의 눈에./
38 파르오가 그의 신하들에게 일렀다./
"엘로힘의 영이 그 속에 있는 이 같
은 사람을 우리가 어떻게 얻을 수 있
겠는가?"
39 그가 요셉에게 일렀다. "엘로힘이 네
게 이 모든 것을 알게 하신 뒤로[251]/
너처럼 분별력 있고 지혜로운 자는
아무도 없다./
40 너는 내 집 위에 있을 것이고[252], 내
모든 백성이 네 입에 키스할[253] 것이
다./ 내가 너보다 큰 것은 보좌뿐이
다"/
41 파르오가 요셉에게 일렀다./"보아라.
내가 너를 미쯔라임 온 땅 위에 둔다"/
42 파르오가 자기의 인장반지를 손에서
빼어 요셉의 손에 끼웠다./그가 그에
게 모시 옷을 입히고, 금 목걸이를 그
의 목에 걸어주었다./
43 그가 그를 그의 두 번째 수레에 태웠
다. 그들이 그의 앞에서 "아브렉!"[254]
이라고 소리쳤다./그가 그를 미쯔라임
온 땅 위에 두었다./
44 파르오가 요셉에게 일렀다. "나는 파
르오이다./네가 없이는 미쯔라임 온
땅에서 자기 손과 자기 발을 들어올
릴 사람이 없을 것이다"/
45 파르오가 요셉의 이름을 짜프낫 파네
아흐[255]라고 불렀다. 그가 온[256] 사제
포티페라의 딸 아스낫[257]을 그에게
아내로 주었다./요셉이 미쯔라임 땅
위로[258] 나갔다./
46 요셉이 미쯔라임 왕 파르오의 얼굴
앞에 설 때에 30세였다./요셉이 파
르오의 얼굴 앞으로부터 나가서 미쯔
라임 온 땅을 다녔다./
47 그 땅이 7년의 풍년을 만들었다./풍
족함을./
48 그가 미쯔라임 땅에 있는 7년의 모든
양식을 모았다. 그가 각 성들안에 양
식을 두었다./그가 각 성의 주변 밭에
있는 양식을 성의 중앙에 두었다./
49 요셉이 알곡을 쌓아 올려 바다의 모
래처럼 매우 많게 했다./셀 숫자가 없
어서 세기를 멈출 때까지./
50 아직 굶주림의 해가 오지 않았을 때,
요셉에게 아들 둘이 태어났다./온 사
제 포티 페라의 딸 아스낫이 그에게
낳았다./
51 요셉이 맏아들의 이름을 므낫쉐[259]라

249 나라가 250 멸망하지 251 알게 하셨기 때문에 252 왕가의 일을 관장할 것이고 253 네 말에 복종 254 콥트어, 엎드려라/고개를 숙여라 255 '그는 살아있다'라고 불려진 자 256 태양의 도시:이웨누(콥)/헬리오폴리스(헬)/이르 하헤레스(히) 257 콥트어, 그녀는 네이트 여신의 것이다 258 감독하러 259 잊어버리게 함

고 불렀다./왜냐하면 "엘로힘이 나로
하여금 내 모든 괴로움과 내 아버지
집의 모든 것을 잊어버리게 하셨다"
고 했기 때문이다./
52 그가 둘째의 이름을 에프라임[260]이라
고 불렀다./왜냐하면 "엘로힘이 내 고
난의 땅에서 나를 번성하게 하셨다"
고 했기 때문이다./
53 풍족한 7년이 끝났다./미쯔라임 땅에
있었던./
54 요셉이 말한 것처럼 일곱 해의 굶주
림이 오기 시작했다./모든 땅들에[261]
굶주림이 있었다. 그러나 미쯔라임 온
땅에는 빵이[262] 있었다./
55 미쯔라임 온 땅이 굶주리자 백성이
빵을[263] 위해 파르오에게 부르짖었
다./파르오가 모든 미쯔라임 사람에게
일렀다. "너희는 요셉에게 가라. 그가
너희에게 이르는 대로 행해라"/
56 온 지면에 굶주림이 있었다./요셉이
그 안에 곡식이 있는 모든 창고를 열
고 미쯔라임 사람에게 곡식을 팔았다.
굶주림이 미쯔라임 땅에서 기승을 부
렸다./
57 온 세상이 요셉에게 양식을 사려고
미쯔라임으로 왔다./온 세상에 굶주림
이 기승을 부렸기 때문이다./

42 야아콥이 미쯔라임에 곡식이 있음
을 보았다./야아콥이 아들들에게 일렀
다. "너희는 왜 서로 보고만 있느냐?"/
2 그가 일렀다. "보라! 미쯔라임에 곡식
이 있음을 들었다./거기로 내려가서
거기서 우리를 위해 곡식을 사라. 그
러면 우리가 살고 죽지 않을 것이다"/
3 요셉의 형제 10명이 내려갔다./곡식
을 사러 미쯔라임으로/
4 야아콥이 요셉의 형제 빈야민을 그의
형제들과 함께 보내지 않았다./왜냐하
면 "그가 재난을 만나지 않도록"이라
고 그가 일렀기 때문이다./
5 이쓰라엘의 아들들이 곡식을 사러 간
사람들 가운데서 갔다./크나안 땅에
굶주림이 있었기 때문이다./
6 요셉 그가 그 땅의 통치자였다. 그가
그 땅의 모든 백성에게 곡식을 팔았
다./요셉의 형제들이 와서 코를 땅에
대고 그에게 엎드렸다./
7 요셉이 그의 형제들을 보고 알아보았
다./그가 그들에게 자신을 낯설게 하
면서 까다롭게 말했다./그가 그들에게
"너희들은 어디에서 왔느냐?"라고 일
렀다. 그들이 대답했다. "먹을 양식을
사려고 크나안 땅으로부터 왔습니다"/
8 요셉이 그의 형제들을 알아보았다./하
지만 그들은 아니었다./
9 요셉이 그들에 대해 꾼 꿈들을 기억
했다./그가 그들에게 일렀다. "너희들
은 스파이들이다. 이 땅의 벌거벗음
[264]을 보기 위해 너희가 왔다"/
10 그들이 그에게 대답했다. "내 주인이
여, 아닙니다/당신의 종들은 먹을 양
식을 사러 왔습니다"
11 우리 모두는 한 사람의 아들들입니

260 두 배로 번창하게 함 261 나라들에
262 양식이 263 양식을 264 무방비 상태

다./우리는 정직하며, 당신의 종들은
스파이들이 아닙니다"/
12 요셉이 그들에게 일렀다./"아니다. 너
희가 이 땅의 벌거벗음을 보기 위해
왔다"/
13 그들이 일렀다. "당신의 종들은 12
형제로서, 우리는 크나안 땅에 있는
한 사람의 아들들입니다./보십시오!
막내는 오늘 우리 아버지와 함께 있
고, 그 한 명은 없습니다"/
14 요셉이 그들에게 일렀다./"내가 너희
에게 한 말이 그것이다. 이르기를 '너
희는 스파이들이다'/
15 이것으로써 너희가 증명되어야 한다./
파르오의 생명으로 맹세한다. 만약 너
희가 여기서 나가려면 오직 너희 막
내가 여기에 와야 한다./
16 너희는 너희 중에서 한 명을 보내어
너희 형제를 데려오고, 너희는 갇혀
있어라. 그래서 너희 말들이 증명되게
해라. 진실이 너희와 함께 있음을./만
약 아니라면, 파르오의 생명으로 맹세
한다. 참으로 너희는 스파이들이다"/
17 그가 그들을 3일동안 함께 감옥에 모
아두었다./
18 요셉이 3일째 되는 날 그들에게 일렀
다. "너희는 이것을 행하여 살아라./
나는 엘로힘을 경외한다./
19 너희가 정직한 자들이면 너희 형제
한 명이 감옥에 갇히게 해라./너희는
너희 집의 굶주림을 위해 곡식을 가
지고 가라./
20 그리고 너희 막내 동생을 내게 데려
와라. 그러면 너희 말들이 증명되고
너희가 죽지 않을 것이다"/그들이 그
대로 행했다./
21 그들이 각자 형제에게 일렀다. "진실
로! 우리가 우리 형제에 대해 잘못을
저질렀다. 그가 우리에게 애걸했을
때, 그의 영혼의 고통을 보고도 우리
가 들어주지 않았다./그래서 바로 이
고통이 우리에게 왔다"/
22 르우벤이 그들에게 대답하여 이르기
를 "내가 너희에게 말하지 않았느냐?
이르기를 '그 아이에게 죄 짓지 말기
바란다' 그래도 너희가 듣지 않았다./
보라! 그의 피까지 청구되고 있다"
23 그런데 그들은 요셉이 듣고 있는 줄
을 알지 못했다./그들 사이에 통역하
는 자 때문에./
24 요셉이 그들로부터 돌아가서 울었다./
그리고 그들에게 돌아와 말했다. 그리
고 그들 중 쉬므온을 그들이 보는 데
서 결박했다./
25 요셉이 명령해서 곡식을 그들의 그릇
에 가득 채우게 하고, 그들의 은을 각
자의 자루에 돌려주게 하고, 그들에게
여행용 음식[265]을 주게 했다./그가 그
들에게 그렇게 행했다./
26 그들이 수나귀에 그들의 곡식을 실었
다./그들이 거기를 떠났다./
27 한 사람이 숙소에서 나귀에게 사료를
주려고 자루를 열었다./그가 자기의
은[266]을 보았다. 보라! 그것이 그의
부대 어귀에 있었다./

265 육포 266 돈

28 그가 그의 형제들에게 일렀다. "내
은이 되돌려졌다. 그리고 심지어, 보라!
내 부대 속에 있다"/그들의 마음[267]이
나갔고, 각자가 형제를 향해 떨었다.
이르기를 "엘로힘이 우리에게 왜 이
것을 행하셨는가?"/
29 그들이 크나안 땅 그들의 아버지 야
아콥에게 왔다./그들이 만났던 모든
일들을 그에게 이야기했다. 이르기를/
30 "그 땅의 주인 그 사람이 까다롭게
말했습니다./그리고 우리를 그 땅의
스파이들로 여겼습니다./
31 그래서 우리가 그에게 일렀습니다.
'우리는 정직한 자들입니다'/우리는
스파이들이 아닙니다./
32 우리는 12형제로서 우리 아버지의
아들들입니다./하나는 없고 막내는 오
늘 크나안 땅에서 우리 아버지와 함
께 있습니다'/
33 그 땅의 주인 그 사람이 우리에게 일
렀습니다. '이것으로써 너희가 정직한
줄을 내가 알 것이다./너희 형제 하나
를 나와 함께 쉬게 하고, 너희 집의
굶주림을 위해 너희는 곡식을 취하여
가라./
34 그리고 너희 막내 동생을 내게 데려
와라. 그러면 너희가 스파이들이 아
니라 정직한 자들인 것을 내가 알 것
이다./내가 너희 형제를 너희에게 줄
것이며, 너희가 이 땅에서 무역할 것
이다' "/
35 그들이 자루를 비우고 있었다. 보라!
각자의 은이 각자의 자루에 있었다./
그들이 그들의 은을 보았다. 그들과
그들의 아버지가 두려워했다./
36 그들의 아버지 야아콥이 그들에게 일
렀다. "너희는 나로 잃게 하는구나./
요셉도 없고, 쉬므온도 없고, 너희가
빈야민을 빼앗으려고 한다. 모든 일이
내게 일어났구나"/
37 르우벤이 그의 아버지에게 일렀다.
이르기를 "저의 두 아들들을 죽이십
시오. 만약 제가 그를 당신에게 데리
고 오지 않는다면./그를 제 손 위에
두십시오[268]. 그러면 제가 당신에게
되돌릴 것입니다./
38 그가 일렀다. "내 아들은 너희와 함
께 내려가지 못한다./왜냐하면 그의
형제는 죽었고, 그만 남겨져 있기 때
문이다. 만약 너희들이 가는 중에 그
가 재난을 만난다면, 내 흰머리로 하
여금 슬픔 속에 쉐올로 내려가게 하
는 것이다"/

43 굶주림이 그 땅에 심각했다./
2 그들이 미쯔라임에서 가져온 곡식 먹
기를 마쳤을 때였다./그들의 아버지가
그들에게 일렀다. "너희는 돌아가서
우리를 위해 양식을 조금 사라"/
3 예후다가 그에게 대답했다. 이르기를/
"그 사람이 우리에게 확실히 경고했
습니다. 이르기를 '너희 형제가 너희
와 함께하지 않으면 너희는 내 얼굴
을 보지 못할 것이다'/
4 만약 당신에게 우리 형제를 우리와

267 넋 268 제 손에 맡기십시오

함께 보냄이 있다면/우리가 내려가서
당신을 위해 양식을 살 것입니다./
5 그러나 만약 당신의 보냄이 없다면,
우리는 내려가지 않을 것입니다./왜냐
하면 그 사람이 우리에게 일렀기 때
문입니다. '너희가 너희 형제와 함께
하지 않으면 너희는 내 얼굴을 보지
못할 것이다' "/
6 이쓰라엘이 일렀다. "왜 내게 악을 행
했느냐?/너희에게 형제가 더 있다고 너
희들이 그 사람에게 이야기함으로?"/
7 그들이 대답했다. "그 사람이 우리와
우리 가족에 대해 꼬치꼬치 물었습니
다. 이르기를 '너희 아버지가 아직 살
아있느냐? 너희에게 형제가 있느냐?'
그래서 우리가 이런 사실들을 우리
입으로 이야기했습니다./그가 '너희
형제를 내려오게 해라' 고 이를 줄 어
떻게 알았겠습니까?"/
8 예후다가 그의 아버지 이쓰라엘에게
일렀다. "이 소년을 저와 함께 보내시
면 우리가 일어나서 갈 것입니다./그
러면 우리가 살고 죽지 않을 것입니다.
우리와 당신과 우리 어린 아이들이./
9 제가 그의 담보가 되겠습니다. 제 손
에서 그를 찾으십시오./만약 제가 그
를 당신에게 데려와 당신 앞에 두지
않으면, 저는 당신에게 평생에 죄를
짓게 됩니다./
10 왜냐하면 우리가 망설이지 않았다면/
지금 우리가 두 번 돌아왔을 것이기
때문입니다"/
11 그들의 아버지 이쓰라엘이 그들에게
일렀다. "그렇다면, 이제! 너희들이
이것을 행해라. 너희들의 그릇에 이
땅의 특산물을 담아라. 그 사람을 위
한 선물을 가지고 내려가라/약간의
유향, 약간의 꿀[269], 향료와 몰약과
피스타치오와 아몬드/
12 너희 손에 두 배의 은을 가져라./너
희 부대 어귀에 되돌려진 그 은을 너
희 손에 되돌려라. 그것은 아마 착오
였을 것이다./
13 너희 형제도 취해라./너희는 일어나
서 그 사람에게 돌아가라./
14 엘 샷다이께서 그 사람 앞에서 너희
에게 긍휼을 베푸실 것이다. 그래서
그가 너희 다른 형제와 빈야민을 보
내주기를!/저로서는, 제가 잃어야 한
다면, 제가 잃겠습니다"/
15 그 사람들이 바로 이 선물을 챙기고,
그들이 손에 두 배의 은을 가지고, 빈
야민과 함께/그들이 일어나서 미쯔라
임으로 내려가 요셉 앞에 섰다./
16 요셉이 그들과 함께한 빈야민을 보았
다. 그가 그의 집 청지기에게 일렀다.
"이 사람들을 집으로 데려가라./가축
을 잡아 준비해라. 이 사람들이 정오
에 나와 함께 먹을 것이기 때문이다./
17 그가 요셉이 일러준 대로 행했다./그
가 그 사람들을 요셉의 집으로 데려
갔다./
18 그 사람들이 요셉의 집으로 인도되었
기 때문에 두려워서 일렀다. "지난 번
에 우리의 부대 어귀에 되돌아왔던

269 대추야자 시럽

은 사건 때문에 우리가 데려와졌다./
우리에게 꼬투리를 잡기 위해, 우리
위에 떨어져[270] 우리를 종으로 삼기
위해, 우리 나귀들을 빼앗기 위해./
19 그들이 요셉의 집 청지기에게 다가갔
다./그들이 그 집 입구에서 그에게 말
했다./
20 그들이 일렀다. "제발! 내 주인이여/
지난 번에 양식을 사러 참으로 우리
가 내려왔습니다./
21 얼마쯤 지나 우리가 숙소에 왔을 때
우리의 부대들을 열었습니다. 보십시
오! 각자의 은이 무게대로 부대 어귀
에 있었습니다./그것을 우리 손에 도
로 가져 왔습니다./
22 양식을 살 다른 은은 우리 손에 가지
고 내려왔습니다./누가 우리의 부대에
은을 넣었는지 우리는 알지 못합니다"/
23 그가 일렀다. "평안이 당신들에게 있
기를! 두려워하지 말기 바랍니다. 당
신들의 엘로힘과 당신들 아버지의 엘
로힘이 당신들의 부대에 감춘 것을
당신들에게 주셨습니다. 당신들의 은
은 내게로 왔습니다"/그가 쉬므온을
그들에게 나오게 했다./
24 그 사람이 그들을 요셉의 집으로 데
려갔다./그가 물을 주었고, 그들이 발
을 씻었다. 그가 그들의 나귀들에게
사료를 주었다./
25 그들이 정오에 요셉이 오기까지 선물
을 준비했다./왜냐하면 그들이 거기서
음식을[271] 먹을 것이라고 들었기 때
문이다./
26 요셉이 집으로 왔을 때 그들이 손에
선물을 가지고 그 집으로 들어갔다./
그들이 그에게 땅에 엎드렸다.[272]/
27 요셉이 그들의 안부를 물었다. 그가
일렀다. "너희 아버지, 너희가 이르던
그 노인이 평안하시냐?/여전히 살아
계시느냐?"
28 그들이 대답했다. "당신의 종 우리
아버지가 평안하며 여전히 살아계십
니다"/그들이 무릎을 꿇고 엎드렸다./
29 그가 눈을 들어 그의 형제, 그의 어
머니의 아들 빈야민을 보았다. 그가
일렀다. "이가 너희들이 내게 이르던
너희 막내 동생이냐?" 그가 일렀다.
"내 아들아, 엘로힘이 네게 은혜 베푸
시기를!"/
30 그의 형제를 향한 연민이 불태워졌기
때문에 요셉이 서둘렀다. 그가 울 곳
을 찾았다./그가 방에 들어가서 울었
다./
31 그가 얼굴을 씻고 다시 나왔다./그가
자제하고 말했다. "빵을 놓아라"[273]
32 그들이 요셉에게 따로 차리고, 그들
에게 따로 했다./그리고 그와 함께 먹
는 미쯔라임 사람들에게 따로 했다.
왜냐하면 미쯔라임 사람들이 이브리
사람들과 음식을[274] 함께 먹을 수 없
었기 때문이다. 그것이 미쯔라임 사람
들에게 혐오스러웠기 때문이다./
33 그들이 그의 앞에 앉았다. 맏아들은
장자권을 따라, 막내는 그의 연소함을

270 우리를 덮쳐 271 빵을 272 인사했다
273 음식을 차려라 274 빵을

따랐다./그 사람들이 각자 자기 옆의
사람과[275] 어리둥절했다./
34 그가 그의 몫들을 들어 그의 앞으로부
터 그들에게 보냈다. 그리고 빈야민의
몫은 모두의[276] 몫보다 다섯 손들[277]
이나 많았다./그들이 그와 함께 마시
고 취했다./

44 그가 그의 집 청지기에게 명령했다.
이르기를 "그들이 나를 수 있을 만큼
그 사람들의 부대를 양식으로 가득
채워라./그리고 각자의 은을 각자의
부대 어귀에 넣어라./
2 그리고 내 잔 곧 은 잔을 막내의 부
대 어귀에 그의 곡식 은과 함께 넣어
라"/그가 요셉이 말한 대로 행했다./
3 아침이 밝았다./그 사람들이 보내졌
다. 그들과 그들의 나귀들이./
4 그들이 그 성에서 나와 멀지 않았을
때, 요셉이 그의 집 청지기에게 일렀
다. "일어나 그 사람들의 뒤를 쫓아
라./그들에게 도착했을 때 일러라.
"왜 너희는 선을 대신하여 악으로 갚
느냐?/
5 이것은 내 주인이 그것으로 마시며,
그가 그것으로 점을 잘 치지 않느냐?/
너희가 행한 것은 악을 행한 것이다"/
6 그가 그들에게 도착했다./그리고 그가
그들에게 바로 이 말들을 말했다./
7 그들이 그에게 일렀다. "왜 내 주인께
서 이 같은 말씀들을 말씀하십니까?/
있을 수 없습니다! 당신의 종들이 이
일을 행하는 것은./
8 보십시오! 우리가 우리들 자루 어귀
에서 발견한 은을 크나안 땅에서부
터 당신에게로 되돌렸습니다./그런
데 왜 우리가 당신의 주인의 집에서
은이나 금을 훔치겠습니까?/
9 당신의 종들 중 그것과 함께 발견되
는 그는 죽을 것입니다./우리도 내 주
인의 종이 될 것입니다./
10 그가 일렀다. "이제 또한 너희 말처
럼 그대로일 것이다./그것과 함께 발
견되는 자는 내 종이 될 것이다. 그러
나 나머지 너희는 결백할 것이다./
11 그들이 서둘러 각각 자기의 부대를
땅에 내렸다./그들이 각각 자기의 부
대를 열었다./
12 그가 찾되 나이 많은 자부터 시작해
서 가장 어린 자에게서 마쳤다./그 잔
이 빈야민의 자루에서 발견되었다./
13 그들이 겉옷을 찢었다./각각 자기의
나귀에 짐을 싣고 그 성으로 돌아왔다./
14 예후다와 그의 형제들이 요셉의 집으
로 왔는데, 그가 여전히 거기에 있었
다./그의 앞에서 그들이 땅에 떨어졌
다[278]./
15 요셉이 그들에게 일렀다. "너희가 왜
이런 짓을 했느냐?/너희는 나 같은
사람이 점을 잘 치는 줄 알지 못했느
냐?"
16 예후다가 대답했다. "우리가 무엇을
내 주께 일러드리며, 우리가 무엇을
말씀드리며, 우리가 무엇을 의롭다고

275 서로서로 276 다른 사람의 277 다섯 배
278 엎드렸다

하겠습니까?/엘로힘이 당신의 종들의
범죄를 발견하셨습니다. 보십시오!
우리도, 그 잔이 그의 손에서 발견된
자도 내 주인의 종들입니다"/
17 그가 일렀다. "내게는 있을 수 없다!
이렇게 하는 것은./그의 손에서 그 잔
이 발견된 자, 그가 내 종이 될 것이
다. 너희는 평안히 너희 아버지께로
올라가라"/
18 예후다가 그에게 다가가서 일렀다.
"내 주인이여, 제발! 모쪼록! 당신의
종이 내 주인의 귀에 한 말씀을 말씀
드리겠습니다. 당신의 종 때문에 당신
의 코에 불이 붙지 않기를 바랍니다./
왜냐하면 당신은 파르오와 같기 때문
입니다./
19 내 주인께서 종들에게 물으셨습니다.
이르시기를/' 너희에게 아버지 혹은
아우가 있느냐?'
20 그래서 우리가 내 주인께 대답했습니
다. '우리에게 늙은 아버지와 노년의
아이 막내가 있습니다./그의 형제는
죽고 그의 어머니가 그만을 그에게
남겼는데, 그의 아버지가 그를 사랑합
니다' /
21 그러자 당신께서 당신의 종들에게 이
르셨습니다. '그를 내게로 내려오게
해라. 그래서 내가 눈을 그의 위에 둘
것이다' [279]/
22 그래서 우리가 내 주인께 일렀습니다.
'그 소년이 그의 아버지를 저버리는[280]
것은 불가능합니다./그가 그의 아버지
를 저버리면 그가 죽을 것입니다' /
23 당신께서 당신의 종들에게 이르셨습
니다. '너희의 막내 동생이 너희와 함
께 내려오지 않으면/내 얼굴을 더 이
상 보지 못할 것이다' /
24 우리가 당신의 종 내 아버지에게 올
라갔을 때/우리가 내 주인의 말씀들
을 그에게 전했습니다./
25 우리 아버지가 일렀습니다./' 돌아가
서 우리를 위해 양식을 조금 사라' /
26 우리가 대답했습니다. '우리가 내려
갈 수 없습니다./우리 막내 동생이 우
리와 함께하면 내려가겠습니다. 왜냐
하면 우리가 그 사람의 얼굴을 볼 수
없기 때문입니다. 우리 막내동생이 우
리와 함께 하지 않으면' /
27 당신의 종 내 아버지가 우리에게 일
렀습니다./' 내 아내가 내게 아들 둘을
낳은 것을 너희가 안다./
28 그 하나는 나와 함께하는 데서 나갔
다. 그래서 내가 말했다. 확실히 정말
로 찢겼다. 그 이후 여태 그를 보지
못한다./
29 그런데 너희가 이도 내 얼굴로부터
취하고, 그가 재난을 만난다면/너희는
내 흰머리로 불행 속에 쉐올로 내려
가게 하는 것이다' /
30 자, 내가 당신의 종 내 아버지에게
갈 때, 그 소년이 우리와 함께하지 않
습니다./그리고 그의 생명이 그의 생
명에[281] 묶여 있습니다./
31 이 아이가 없는 것을 그가 볼 때, 그

279 내가 그를 볼 것이다 280 떠나는
281 아버지의 생명이 막내의 생명에

는 죽을 것입니다./그러면 당신의 종
들인 우리가 당신의 종인 우리 아버
지의 흰 머리로 큰 슬픔 속에 쉐올로
내려가게 하는 것입니다./
32 왜냐하면 당신의 종이 내 아버지에게
그 소년의 담보가 되겠다고 했기 때
문입니다. 이르기를 '만약 내가 당신
에게 그를 데려오지 않는다면 내 아
버지에게 평생 죄를 짓게 됩니다'
33 자, 제발 당신의 종이 이 소년을 대
신해서 내 주인의 종으로 머물게 하
십시오./그리고 이 소년은 그의 형제
들과 함께 올라가게 하십시오./
34 왜냐하면 이 소년이 나와 함께 하지
않는데, 어떻게 내가 아버지에게 올라
가겠습니까?/불행이 내 아버지를 찾
아내는 것을 내가 보지 않으려면"/

45 요셉이 자기 곁에 서있는 모든 사
람에게 자기를 억제할 수 없었다. 그
가 소리쳤다. "모든 사람은 내 곁에서
나가라"./그래서 누구도 그와 함께 서
있지 않았다. 요셉이 그의 형제들에게
자기를 알릴 때에./
2 그가 소리 내어 울었다./미쯔라임 사
람들이 들었고, 파르오의 집도 들었
다./
3 요셉이 그의 형제들에게 일렀다. "나
는 요셉입니다. 아버지가 아직 살아계
십니까?"/그의 형제들은 그에게 대답
할 수가 없었다. 그의 얼굴을 보고 놀
랐기 때문이다./
4 요셉이 그의 형제들에게 일렀다. "모
쪼록! 내게 다가오십시오" 그들이 다
가갔다./그가 일렀다. "나는 당신들이
나를 미쯔라임으로 팔아 넘긴 당신들
의 형제 요셉입니다"/
5 자, 나를 당신들이 여기에 팔아 넘겼
기 때문에 몹시 슬퍼하지 말고 눈에
불을 켜지 말기 바랍니다./생존을 위
해 엘로힘이 당신들 앞서 나를 보내
셨습니다./
6 왜냐하면 이 2년동안 이 땅 가운데
굶주림이 있었습니다./하지만 쟁기질
과 수확이 없는 5년이 더 있습니다./
7 엘로힘이 나를 당신들 앞서 보내셨습
니다. 당신들을 이 땅에서 생존자로
두기 위해/큰 피난을 통해 당신들을
살게 하기 위해./
8 자, 나를 여기로 보낸 자가 당신들이
아니라, 엘로힘입니다./그가 나를 파
르오의 아버지로, 그의 온 집의 주인
으로, 미쯔라임 온 땅의 통치자로 두
셨습니다./
9 당신들은 내 아버지에게 서둘러 올라
가십시오. 그에게 이르십시오. '당신의
아들 요셉이 이렇게 말했습니다. 엘로
힘이 나를 온 미쯔라임의 주인으로
두셨습니다./내게로 내려오시고, 서있
지 마시기 바랍니다./
10 당신은 고쉔 땅에 거주하실 것입니다.
그래서 당신과 당신의 아들들과 당
신의 손자들이 내게 가까이 있을 것
입니다./그리고 당신의 양 염소 떼와
소와 당신의 모든 소유가./
11 내가 거기서 당신을 부양할 것입니다.

아직 5년의 굶주림이 있기 때문입니
다./당신과 당신의 집과 당신의 모든
소유가 내몰리지[282] 않도록'/
12 보십시오! 당신들의 눈과 내 형제 빈
야민이 보고 있는/그것은 당신들에게
말하고 있는 내 입입니다./
13 당신들은 미쯔라임에서 내 모든 영
광과 당신들이 본 모든 것을 내 아버
지에게 알리십시오./당신들은 서둘러
내 아버지를 이리로 내려오게 하십시
오"/
14 그가 그의 형제 빈야민의 목 위에 떨
어져서[283] 울었다./빈야민도 그의 목
위에서 울었다.
15 그가 모든 형제들에게 키스했고, 그
들 곁에서 울었다./그런 후에 그들이
그의 형제와 더불어 말했다./
16 그 소리가 파르오의 집에 들렸다. 이
르기를 "요셉의 형제들이 왔다"/그것
이 파르오의 눈과 그의 신하들의 눈
에 좋았다./
17 파르오가 요셉에게 일렀다. "네 형제
들에게 이것을 행하라고 일러라./너희
는 가축에 짐을 싣고 크나안에 들어
가라./
18 너희 아버지와 너희 집들을 데리고
내게로 와라./내가 너희들에게 미쯔라
임의 좋은 땅을 줄 것이다. 너희가 이
땅의 기름진 것을 먹을 것이다./
19 자, 너희가 이 명령을 받았으니 너희
는 행해라./미쯔라임 땅에서 너희 아
이들과 아내들을 위해 수레들을 가지
고 나가서, 너희 아버지를 모시고 와
라./
20 너희 눈이 너희 도구들을 아끼지 말
기 바란다./온 미쯔라임 땅의 좋은 것
이 너희 소유이기 때문이다"/
21 이쓰라엘의 아들들이 그대로 행했다.
요셉이 파르오의 말에 따라 그들에게
수레들을 주었다./그가 그들에게 여행
용 음식[284]을 주었다./
22 그가 모두에게 각자 갈아입을 겉옷
들을 주었다./그리고 빈야민에게는
은 삼백 개와 갈아입을 겉옷 다섯 벌
을 주었다./
23 그의 아버지에게 그는 이런 것들을
보냈다. 미쯔라임의 특산물을 실은 수
나귀 열 마리./곡식과 빵, 아버지의
여행용 음식을 실은 암나귀 열 마리./
24 그가 형제들을 보내자 그들이 갔다./
그가 그들에게 일렀다. "당신들은 길
에서 떨지[285] 말기 바랍니다"/
25 그들이 미쯔라임에서 올라왔다./그들
이 가나안 땅 그들의 아버지 야아콥
에게 왔다./
26 그들이 그에게 전했다. 이르기를 "요
셉이 여전히 살아 있고, 그가 온 미쯔
라임 땅의 통치자입니다"/그가 그들
을 믿을 수 없어 정신을 잃었다./
27 요셉이 그들에게 말한 모든 말들을
그들이 그에게 말했다. 그가 그를 태
우기 위해 요셉이 보낸 수레들을 보
았다./그들의 아버지 야아콥의 영이
살아났다./

282 가난해지지 283 목을 맞대고
284 육포 285 길을 벗어나지

28 이쓰라엘이 일렀다. "충분하구나. 내
아들 요셉이 여전히 살아있다./내가 아
직 죽지 않았을 때 그를 볼 것이다"/

46 이쓰라엘과 그의 모든 소유가 이동
해서 브에르 쉐바에 왔다./그가 그의
아버지 이쯔학의 엘로힘에게 희생제
물을 제사드렸다./
2 엘로힘이 그 밤에 환상을 통해 이쓰
라엘에게 이르셨다. "야아콥, 야아
콥"/그가 대답했다. "제가 여기에 있습
니다"/
3 **그**가 이르셨다. "**나**는 엘이다. 네 아
버지의 엘로힘이다/너는 미쯔라임으
로 내려가기를 두려워하지 말기 바란
다. 왜냐하면 **내**가 거기서 너를 큰 나
라로 둘 것이기 때문이다./
4 **내**가 너와 함께 미쯔라임으로 내려갈
것이다. **내**가 너를 반드시 올라오게
할 것이다./그리고 요셉이 그의 손을
네 눈에 놓을 것이다[286]./
5 야아콥이 브에르 쉐바에서 일어났다./
이쓰라엘의 아들들이 그들의 아버지
야아콥과 아이들과 그들의 아내들을,
파르오가 그를 태우기 위해 보낸 수
레들에 태웠다./
6 그들이 크나안 땅에서 모은 재산과
가축을 취해서 미쯔라임으로 갔다./야
아콥과 그와 함께한 모든 후손이./
7 그의 아들들과 그와 함께 하는 그의
손자들, 그의 딸들과 그의 손녀들, 그
의 모든 후손들을/그가 함께 미쯔라
임으로 인도했다./
8 이것은 미쯔라임으로 간 이쓰라엘의
아들들의 이름들이다. 야아콥과 야아
콥의 아들들/야아콥의 맏아들은 르우
벤이다/
9 르우벤의 아들들은/하녹과 팔루와 헤
쯔론과 카르미이다./
10 쉬므온의 아들들은 예무엘과 야민과
오핫과 야킨과 쪼하르/크나안 여인의
아들 샤울이다./
11 레뷔의 아들들은/게르숀과 크핫과 므
라리이다./
12 예후다의 아들들은 에르와 오난과 쉘
라와 페레쯔와 자라흐이다./에르와 오
난은 크나안 땅에서 죽었다. 페레쯔의
아들들은 헤쯔론과 하물이다./
13 잇싸카르의 아들들은/톨라와 푸와 욥
과 쉬므론이다./
14 즈불룬의 아들들은/세렛과 엘론과 야
흘레엘이다./
15 이들은 레아가 팟단 아람에서 야아콥
에게 낳은 아들들이다. 그의 딸 디나
와 함께/그의 아들들과 그의 딸들이
모두 33 사람이다./
16 갓의 아들들은 찌프욘과 학기와 슈니
와 에쯔본과/에리와 아로디와 아르엘
리이다./
17 아쉐르의 아들들은 임나와 이쉬봐와
이쉬비와 브리아와 그들의 누이 쎄라
흐와/브리아의 아들들인 헤베르와 말
키엘이다./
18 이들은 라반이 그의 딸 레아에게 준
질파의 아들들이다./그녀가 이들을 야

286 너를 임종할 것이다

아콥에게 낳았는데 16 사람이다./
19 야아콥의 아내 라헬의 아들들은 요셉
과 빈야민이다./
20 미쯔라임 땅에서 요셉에게 태어났는
데, 사제 포티 페라의 딸 아스낫이 요
셉에게 낳은/므낫쉐와 에프라임이다.
21 빈야민의 아들들은 벨라와 베케르와
아쉬벨과 게라와 나아만과 에히와/로
쉬와 뭅핌과 훕핌과 아르드이다./
22 이들은 야아콥에게 태어난 라헬의 아
들들이다./모두 14 사람이다./
23 단의 아들들은 후쉼이다./
24 납탈리의 아들들은/야흐쯔엘과 구니
와 예쩨르와 쉴렘이다./
25 이들은 라반이 그의 딸 라헬에게 준
빌하의 아들들이다./그녀가 이들을 야
아콥에게 낳았는데 모두 7 사람이다./
26 야아콥에게 속하여 미쯔라임에 온 모
든 사람은 야아콥의 며느리들 외에
그의 허벅지[287]에서 나왔으며/모두
66 사람이다./
27 그리고 미쯔라임에서 요셉에게 태어
난 아들들이 두 사람이다./야아콥의
집에 속하여 미쯔라임에 온 모두가
70 사람이다./
28 그가 예후다를 그보다 앞서 요셉에게
보냈다. 그보다 앞서 고쉔으로 인도하
게 하기 위해./그들이 고쉔 땅으로 왔
다./
29 요셉이 그의 수레를 맸다. 그가 그의
아버지 이쓰라엘을 보기 위해 고쉔으
로 올라왔다./그가 그의 아버지에게
보이고, 그의 목 위에 떨어지고[288],
그의 목 위에서 한참을 울었다./
30 이쓰라엘이 요셉에게 일렀다. "이제
는 내가 죽어도 좋다./내가 네 얼굴을
보았는데, 네가 여전히 살아있기 때문
이다"/
31 요셉이 그의 형제들과 그의 아버지의
집에 말했다. "내가 올라가서 파르오
에게 알리겠습니다./내가 그에게 이르
겠습니다. '크나안 땅의 내 형제들과
내 아버지의 집이 내게로 왔습니다./
32 이 사람들은 양 염소 떼의 목자들로
서, 그들은 목축하는 사람들입니다./
그들의 양 염소 떼와 그들의 소와 그
들의 모든 소유를 가지고 왔습니다'/
33 파르오가 당신들을 부를 때가 있을
것입니다./그가 당신들의 직업이 무엇
인지 물을 것입니다./
34 당신들은 이르십시오. '당신의 종들
은 소년시절부터 지금까지 가축의 사
람들입니다. 우리와 우리의 조상들이
마찬가지입니다'/그때문에 당신들은
고쉔 땅에 거주할 것입니다. 왜냐하
면 미쯔라임 사람들은 양 염소 떼에
게 풀을 뜯기는 자는 누구든지 혐오
하기 때문입니다"/

47 요셉이 가서 파르오에게 알리며 일
렀다. "내 아버지와 내 형제들과 그들
의 양 염소 떼와 그들의 소와 그들의
모든 소유가 크나안 땅에서 왔습니
다./그들을 보십시오! 고쉔 땅에 있습
니다"/

---

287 생식기　288 목을 맞대고

2 그가 그의 형제들 가운데서 5 인을 취했다./그가 그들을 파르오 앞에 서게 했다./

3 파르오가 그의 형제들에게 일렀다. "너희들의 직업이 무엇이냐?"/그들이 파르오에게 대답했다. "당신의 종들은 양 염소 떼에게 풀을 뜯기고 있습니다. 소년시절부터 지금까지, 우리와 우리 조상들이 마찬가지입니다"/

4 그들이 파르오에게 일렀다. "우리는 이 땅에 체류하러 왔습니다. 왜냐하면 당신의 종들에게 양 염소 떼를 위한 초장이 없기 때문입니다. 크나안 땅에는 굶주림이 참으로 심합니다./자, 당신의 종들이 모쪼록! 고쉔 땅에 거주하게 해주십시오"/

5 파르오가 요셉에게 일렀다. 이르기를/ "네 아버지와 형제들이 네게로 왔다"/

6 미쯔라임 땅이 네 앞에 있다. 가장 좋은 땅에 네 아버지와 형제들이 거주하게 해라./그들이 고쉔 땅에 거주할 것이다. 그들 중에 유능한 사람들이 있는 줄 안다면, 너는 그들을 내게 있는 가축의 감독자로 둘 것이다./

7 요셉이 그의 아버지 야아콥을 인도하여 파르오 앞에 서게 했다./야아콥이 파르오를 축복했다[289]./

8 파르오가 야아콥에게 일렀다./"당신이 살아온 해가 몇 날들인가요[290]?"

9 야아콥이 파르오에게 대답했다. "내가 체류하는 해의 날들이 130년입니다./내가 살아온 날들은 짧고 험했습니다. 그것은 내 조상들이 살았던 해의 날들, 그들이 체류했던 날들에 미치지 못합니다./

10 야아콥이 파르오를 축복했다[291]./그가 파르오의 앞에서 나왔다./

11 요셉이 그의 아버지와 형제들을 거주하게 했다. 그가 그들에게 미쯔라임의 땅 중에서, 가장 좋은 땅 중에서, 라암셋 땅을 소유지로 주었다./파르오의 명령에 따라./

12 요셉이 그의 아버지와 형제들과 그의 아버지의 온 집을 부양했다./아이들의 입을 따라[292] 빵으로[293]./

13 온 땅에 굶주림이 매우 심했기 때문에 빵이 없었다./미쯔라임 땅과 크나안 땅이 굶주림때문에 쇠약했다./

14 요셉이 미쯔라임 땅과 크나안 땅에서 발견되는 모든 은을 곡식을 팔아 모았다./요셉이 그 은을 파르오의 집으로 가져왔다./

15 미쯔라임 땅과 크나안 땅에서 은이 바닥나자 모든 미쯔라임 사람이 요셉에게 와서 이르기를 "우리에게 빵을 주십시오. 왜 우리가 당신의 맞은 편에서 죽어야 합니까?/은이 바닥남으로 인해"/

16 요셉이 일렀다. "너희는 너희 가축을 내놓아라. 너희 가축을 통해[294] 내가 빵을 줄 것이다./만약 은이 바닥났다면"/

17 그들이 그들의 가축을 요셉에게 끌어왔다. 요셉이 말들과 양 염소 떼와 소

289 인사했다 290 당신은 몇 살입니까?
291 작별했다 292 자녀 숫자대로
293 음식으로

떼와 나귀들을 통해 그들에게 빵을
주었다./그가 그 해에 모든 가축을 통
해 그들을 빵으로 보살폈다./
18 그해가 끝나자 그들이 이듬해에 그에
게 와서 일렀다. "우리가 내 주인에게
숨기지 않습니다. 은이 이미 바닥났고
가축 떼가 내 주인에게 있습니다./내
주인 앞에서 우리 몸과 우리 땅 외에
남겨진 것이 없습니다"/
19 우리가 왜 우리 몸도 우리 땅도 당신
의 눈 앞에서 죽어야 합니까? 우리와
함께 우리 땅을 빵으로 사십시오./우
리와 우리 땅이 파르오의 종이 될 것
입니다. 우리에게 씨앗을 주시면 우리
가 살고 죽지 않을 것이며, 우리 땅도
황폐하지 않을 것입니다"/
20 요셉이 파르오를 위해 미쯔라임의 모
든 땅을 샀다. 왜냐하면 굶주림이 기
승을 부려서 미쯔라임 사람들이 각각
그들의 밭을 팔았기 때문이다./그 땅
이 파르오의 것이 되었다./
21 그가 그 백성을 성들에 이주시켰다./
미쯔라임의 국경 끝에서 끝까지./
22 오직 사제들의 땅은 그가 사지 않았
다./왜냐하면 사제들에게는 파르오
로 부터 받는 몫이 있고, 파르오가 그
들에게 준 몫을 먹기 때문이었다. 그
러므로 그들은 그들의 땅을 팔지 않
았다./
23 요셉이 백성에게 일렀다. "보라! 내가
오늘 파르오를 위해 너희와 너희의
땅을 샀다./보라! 너희를 위한 씨앗이
다. 너희는 그 땅에 씨를 뿌려라./
24 수확이 있을 때 다섯째[295]는 파르오
에게 바쳐야 한다./손의 넷[296]은 밭의
씨앗과 너희의 음식과 너희 집들과
너희 아이들의 음식을 위한 것이다"/
25 그들이 일렀다. "당신이 우리를 살리
셨습니다./우리가 내 주인의 눈에서
은혜를 얻었으니, 우리는 파르오의 종
들입니다"/
26 요셉이 그것을 바로 오늘까지 규례로
두었다. 미쯔라임 땅과 관계해서 오분
의 일이 파르오의 것이 되는/오직 사
제들의 땅은 그들에게 독립되어, 파르
오의 것이 되지 않았다./
27 이쓰라엘이 미쯔라임 땅 고쉔 땅에서
거주했다./그들이 거기서 소유지를 얻
고 자녀를 낳고 매우 번성했다./
28 야아콥이 미쯔라임 땅에서 17년을
있었다./야아콥의 날들, 그의 삶의 햇
수가 147년이었다./
29 이쓰라엘이 죽을 날이 가까웠다. 그
가 그의 아들 요셉을 불러 그에게 일
렀다. "만약 모쪼록! 내가 네 눈에서
은혜를 얻었다면, 모쪼록! 네 손을 내
허벅지 아래에 놓아라./너는 내게 자
비와 성실을 행해라. 나를 미쯔라임에
매장하지 않기 바란다./
30 내가 내 조상과 함께 누울 것이다.
그러면 나를 미쯔라임에서 옮겨 그들
의 무덤에 매장해라"/그가 대답했다.
"제가 아버지의 말씀대로 행할 것입
니다"/

294 가축을 (교환)수단으로 295 오분의 일
296 오분의 사

31 그가 일렀다. “내게 맹세해라” 그가
그에게 맹세했다./이쓰라엘이 침대 머
리[297] 위에 엎드렸다[298]./

48 이런 일들이 있은 후 어떤 이가 요
셉에게 일렀다. “보십시오! 당신의 아
버지가 병들었습니다”/그가 그와 함
께하는 두 아들 므낫쉐와 에프라임을
취했다./
2 어떤 이가 야아콥에게 알리며 말했다.
“보십시오! 당신의 아들 요셉이 당신
에게 오고 있습니다”/이쓰라엘이 힘
을 내어 침상에 앉았다./
3 야아콥이 요셉에게 일렀다. “엘 샤다
이께서 크나안 땅 루즈에서 내게 뵈
어졌다./**그**가 나를 축복하셨다./
4 **그**가 내게 이르셨다. ‘보라! **내**가 너
로 번창하게 하고 있고, **내**가 너를 번
성하게 할 것이며, **내**가 너를 백성들
의 회중이 되게 할 것이다./**내**가 이
땅을 네 다음의 씨에게 영원한 소유
지로 준다’/
5 자, 내가 미쯔라임으로 네게 오기 전에
미쯔라임 땅에서 네게 태어난 두 아들
은 내 것이다./에프라임과 므낫쉐는
르우벤과 쉬므온처럼 내 것이 된다./
6 그들 다음에 네가 낳게 하는 후손은
네 것이 될 것이다./상속을 할 때 그
들은 그들의 형제의 이름으로 불려질
것이다./
7 그리고 나는, 내가 빳딘에서 오는 중
에 라헬이 크나안 땅에서, 내 곁에서
죽었다. 에프라타로 가기에 키브라트
거리가 못 미친 길에서./그래서 에프
랏 곧 베들레헴 길에 거기에 내가 그
녀를 매장했다./
8 이쓰라엘이 요셉의 아들들을 보았다./
그가 일렀다. “이들은 누구냐?”/
9 요셉이 그의 아버지에게 대답했다.
“이들은 엘로힘이 이곳에서 제게 주
신 제 아들들입니다”/그가 일렀다.
“모쪼록 그들을 내게로 데려와라. 내
가 그들을 축복할 것이다”/
10 이쓰라엘의 눈이 노령으로 무거워 볼
수가 없었다./그가 그들을 그에게 다
가가게 했다. 그가 그들에게 입맞추고
그들을 끌어안았다./
11 이쓰라엘이 요셉에게 일렀다. “네 얼
굴을 본다는 것은 생각을 못했다./보
라! 엘로힘이 나로 너와 네 씨까지
보게 하셨다”/
12 요셉이 그의 무릎 사이에서 그들을
나오게 했다./그리고 그가 코를 땅에
대고 엎드렸다./
13 요셉이 그들 둘을 취했다. 그가 그의
오른 손으로 에프라임을 이쓰라엘의
왼편으로, 그의 왼손으로 므낫쉐를 이
쓰라엘의 오른편으로 그에게 다가가
게 했다./
14 이쓰라엘이 오른손을 내밀어 에프라
임의 머리위에 얹었는데, 그는 동생이
었다. 그리고 왼손을 므낫쉐의 머리위
에 얹었다./비록 므낫쉐가 맏아들이었
지만, 그는 그의 손을 짐짓 행했다./
15 그가 요셉을 축복하며 일렀다./

297 목침 형태의 베개 298 경배했다

"내 조상 아브라함과 이쯔학이 **그**의
얼굴 앞에서 걸었던 엘로힘
바로 오늘까지 계속해서 나의 **목자**
이신 엘로힘/
16 나를 모든 악에서 구속하시는 **그 사**
자께서 이 소년들을 축복하시기를!
그들을 통해 내 이름과 내 조상 아브
라함과 이쯔학의 이름이 불러지게 하
시기를!/ 그들이 땅의 가운데서 크게
번성하기를!/"
17 요셉이 그의 아버지가 오른손을 에프
라임의 머리위에 얹은 것을 보았을
때, 그것이 그의 눈에 악했다[299]./그
가 에프라임의 머리위에서 므낫쉐의
머리위로 옮기려고 그의 아버지의 손
을 잡았다./
18 요셉이 그의 아버지에게 일렀다. "내
아버지여, 그렇지 않습니다./이가 맏
아들이기 때문에 당신의 오른손을 그
의 머리위에 얹으십시오"/
19 그의 아버지가 거절하여 일렀다. "나
도 안다. 내 아들아, 나도 안다. 그도
한 백성이 되며, 그도 크게 될 것이
다./하지만 그의 동생이 더 크게 될
것이고, 그의 씨가 가득 찬 나라들이
될 것이다"/
20 그 날에 그가 그들을 축복하여 이르
기를 "너를 통해 이쓰라엘이 축복할
것이다. 이르기를 '엘로힘이 너를 에
프라임이나 므낫쉐처럼 두실 것이
다'"/그가 에프라임을 므낫쉐 앞에 두
었다./
21 이쓰라엘이 요셉에게 일렀다. "보라!
나는 죽는다./그러나 엘로힘이 너희와
함께하실 것이다. **그**가 너희를 너희
조상의 땅으로 돌아가게 하실 것이다./
22 그리고 나는, 내가 네게 네 형제들보
다 쉐켐 하나를[300] 더 준다./내 칼과
활로 에모르 사람의 손에서 빼앗은
것이다"/

49 야아콥이 그의 아들들을 불렀다./그
가 일렀다. "너희는 모여라. 너희가
마지막 날들에 겪을 것을 내가 너희
에게 알게 할 것이다"/
2 야아콥의 아들들아, 너희는 모여서 들
어라/
너희 아버지 이쓰라엘에게 들어라./
3 르우벤, 너는 내 맏아들이다
내 권능이고 활력의 시작이다/
명예가 탁월하고
능력이 탁월하다/
4 물처럼 끓어올랐기에[301] 탁월하지 않
기를!
네 아버지의 침상에 올라왔기 때문이다/
그러니까 네가 내 침상을 뚫고 올라
왔다./
5 쉬므온과 레뷔는 형제들이다[302]/
그들의 칼들은 폭력의 도구들이다/
6 내 생명아 그들의 회의에 가지 말기를!
내 영광아 그들의 집단에 가담하지
말기를!/
왜냐하면 그들이 분노하는 대로 사람
을 쳐죽였고

299 그의 마음에 들지 않았다
300 한 몫을/쉐켐(도시) 하나를 301 음탕해서/불
안정해서 302 공범들이다.

그들이 기뻐하는 대로 소의 힘줄을
끊었기 때문이다/
7 그들의 분노에 저주 있으라! 그것이
맹렬하기 때문에
그들의 진노가 잔인하기 때문에/
내가 그들을 야아콥 가운데서 나눌
것이다
내가 그들을 이스라엘에서 흩어지게
할 것이다/
8 "예후다, 바로 너다! 너의 형제들이
너를 칭송할 것이다
네 손이 네 적들의 목에 있을 것이다/
네 아버지의 아들들이 너에게 엎드릴
것이다/
9 예후다는 사자 새끼이다
내 아들아, 네가 먹이를 올라탔구나/
웅크리고 엎드리는 것이 수사자 같고
암사자 같다
누구라서 그를 일으킬 수 있는가?/
10 홀[303]이 예후다를 떠나지 않을 것이
다 통치자[304]의 지팡이도 그의 발 사
이에서/
쉴로[305]가 오기까지
백성들이 그에게 복종하리라/
11 그의 수 나귀를 포도나무에 매리라
그의 암 나귀 새끼를 쏘렉[306] 포도나
무에/
그의 옷을 포도주에 빨 것이며
그의 의복을 포도 피에/
12 그의 눈들이 포도주보다 붉고/
그의 치아는 우유보다 희다"/
13 즈불룬은 해변에 정착할 것이다/
그곳은 배들의 해변이다
그의 옆구리가 찌돈[307] 곁에/
14 잇싸카르는 뼈 나귀[308]이다/
양의 우리들 사이에 엎드리고 있다/
15 그가 휴식이 좋음을 보았다
그리고 땅이 즐거움을/
그가 짐을 지려고 어깨를 기울였고
강제 노역하는 종이 되었다/
16 단은 그의 백성을 재판할[309] 것이다/
이스라엘 지파들의 하나로서/
17 단은 길 곁의 뱀이다
행로 위의 뿔 뱀이다/
말 발꿈치를 물어
말 탄 자가 뒤로 떨어지게 만든다/
18 **당신**의 구원을 저는 기다립니다. 아
도나이시여!
19 갓은 노략군의 노략을 당한다/
그러나 그가 발꿈치를 노략할 것이다/
20 아쉐르로부터 나오는 그의 빵[310]은
기름지다/
그가 왕의 수라상을 바칠 것이다/
21 납탈리는 보내진 암사슴이다/
아름다운 말씀을 주는 자이다/
22 "요셉은 열매 많은 포도나무[311]이다
샘 곁의 열매 많은 포도나무이다/
가지들[312]이 담 위로 기어올랐다/"
23 그들이 그를 학대하여 활을 쏘았다/
화살의 주인들이 그를 뒤쫓았다/
24 하지만 그의 활이 견고하게 자리 잡
았고
그의 두 손의 팔들이 민첩했다/

303 지휘봉 304 입법자 305 화평케 하는 자/공물 306 쏘렉 골짜기의 307 페니키아의 도시 308 뼈가 튼튼한 309 통치할 310 음식이 311 아들 312 딸들

야아콥의 전능자의 두 손으로 말미암아
이스라엘의 반석인 **목자**, 거기로 말미
암아/
25 너를 도우시는 네 아버지의 엘[313]로
말미암아
너를 축복하실 샷다이[314]로 말미암아
위에 있는 하늘의 복들
아래에 엎드리고 있는 깊은 물[315]의
복들/
젖가슴과 자궁의 복들이 있을 것이다/
26 네 아버지의 복들이
내 조상들의 복들보다 더 크다
영원한 언덕들의 경계에까지/
그것들이 요셉의 머리에 있을 것이며
형제들의 통치자의 정수리에 있을 것
이다/
27 빈야민은 찢는 이리이다
아침에는 먹이감을 먹을 것이다/
저녁에는 잡은 것을 나눌 것이다/
28 이들은 모두 이쓰라엘의 12 지파들이
다./이것이 그들의 아버지가 그들에
게 한 말이다. 그가 그들을 축복했다.
그가 각자의 복대로 그들을 축복했다./
29 그가 그들에게 명령했고, 그들에게
일렀다. "나는 내 백성에게 모아지고
있다[316]. 너희는 나를 내 조상에게로
매장해라./헷 사람 에프론의 밭에 있
는 그 동굴에./
30 크나안 땅 마므레 앞에 있는 막펠라
밭의 그 동굴에./아브라함이 헷 사람
에프론에게서 그 밭을 소유지 무덤으
로 샀던./
31 거기에 그들이 아브라함과 그의 아내
싸라를 매장했다. 거기에 그들이 이쯔
학과 그의 아내 리브카를 매장했다./
그리고 거기에 내가 레아를 매장했다./
32 그 밭과 그 안의 동굴은 헷 자손에게
서 산 것이다./
33 야아콥이 그의 아들들에게 명령하기
를 마쳤다. 그가 침대 안으로 발을 모
았다./그가 숨을 거두고 그의 백성에
게 모아졌다./

50 요셉이 그의 아버지의 얼굴 위에
엎드렸다./그가 그를 위해 울고 그에
게 키스했다./
2 요셉이 그의 종들에게, 의사들에게 그
의 아버지를 방부 처리하도록 명령했
다./의사들이 이쓰라엘을 방부 처리
했다.
3 그들이 그를 위해 40일을 채웠다.
방부 처리하는데 그렇게 날들이 채워
졌기 때문이다./미쯔라임 사람들이 그
를 위해 70일 동안 울었다./
4 그의 우는 날들이 지났을 때 요셉이
바로의 집에 말했다. 이르기를/"모쪼
록 내가 당신들의 눈에서 은혜를 얻
었다면, 모쪼록 당신들이 파르오의 귀
에 말하십시오. 이르기를/
5 내 아버지가 나로 맹세하게 하여 이
르기를 '보라! 나는 죽는다. 너는 내
가 나를 위해 파놓은 크나안 땅 거기
에 나를 매장하라' 고 하셨습니다./자,
모쪼록 내가 올라가서 내 아버지를

313 엘 신 314 샷다이 신 315 테홈
316 죽어가고 있다

매장하고 돌아오게 해주십시오"/
6 파르오가 일렀다./"올라가서 네 아버
지가 네게 맹세시킨 대로 네 아버지
를 매장해라"/
7 요셉이 그의 아버지를 매장하기 위해
올라갔다./그와 함께 파르오의 모든
신하들 곧 그의 집의 장로들과 미쯔
라임 땅의 모든 장로들이./
8 요셉의 온 집과 그의 형제들과 그의
아버지의 집이./오직 그들의 아이들과
양 염소 떼와 소만 고쉔 땅에 남겨
두었다./
9 그와 함께 전차와 기병도 올라갔다./
그 진영이 매우 컸다./
10 그들이 야르덴 건너편 고렌 하아타
드[317]까지 갔다. 그들이 거기에서 크
고 매우 비장한 슬픔으로 가슴을 쳤
다[318]./그가 그의 아버지를 위해 7일
동안 애곡했다./
11 그 땅에 거주하고 있는 크나안 사람
들이 고렌 하아타드의 애곡을 보았다.
그들이 일렀다. "이는 미쯔라임 사람
들의 큰 애곡이다"/그러므로 어떤 이
가 그곳의 이름을 아벨 미쯔라임[319]
이라고 불렀다. 그곳은 야르덴 건너편
에 있다./
12 그의 아들들이 그에게 행했다./그가
그들에게 명령한 대로/
13 그의 아들들이 그를 크나안 땅으로
옮겨, 그 막펠라 밭의 동굴에 그를 매
장했다./아브라함이 헷 사람 에프론에
게서 그 밭과 함께 소유지 무덤으로
샀으며, 마므레 앞에 있는./
14 요셉이 미쯔라임으로 돌아왔다. 그와
그의 형제와 그의 아버지를 매장하기
위해 그와 함께 올라갔던 모두가./그
의 아버지를 매장한 다음에./
15 요셉의 형제들이 그들의 아버지가 죽
은 것을 보고 일렀다. "혹시 요셉이
우리를 미워하여/우리가 그에게 행한
모든 악을 우리에게 반드시 되돌려
주려고 하지 않을까?"/
16 그들이 요셉에게 전갈을 보냈다. 이
르기를/"당신의 아버지가 돌아가시기
전에 명령하셨습니다. 이르시기를/
17 '너희는 요셉에게 이같이 일러라. 오,
이제 바라기는 모쪼록 네 형제들의
잘못과 그들의 죄를 용서해라. 왜냐하
면 그들이 너에게 악을 행했기 때문
이다'. 자, 제발 당신의 아버지의 종
들의 배신을 용서하십시오"/그들이
그에게 말할 때 요셉이 울었다./
18 또한 그의 형제들이 와서 그의 앞에
엎드렸다./그들이 일렀다. "보십시오!
우리는 당신의 종들입니다"/
19 요셉이 그들에게 일렀다. "두려워하
지 말기 바랍니다./내가 엘로힘을 대
신하겠습니까?/
20 당신들은 내게 대해 악을 생각했습니
다./엘로힘은 바로 오늘처럼 많은 백
성을 살리게 하시려고 선을 생각하셨
습니다./
21 자, 당신들은 두려워하지 말기 바랍
니다. 내가 당신들과 당신들의 아이들

317 가시나무 타작마당 318 애도했다
319 미쯔라임 사람들의 애곡

을 부양할 것입니다"/그가 그들을 위
로했고, 그들의 마음에 말했다[320]./
22 요셉이 미쯔라임에서 거주했다. 그와
그의 아버지의 집이./요셉이 110년을
살았다./
23 요셉이 에프라임의 자손 삼대를 보았
다./므낫쉐의 아들 마키르의 아들들도
요셉의 무릎 위에 낳아졌다[321]./
24 요셉이 그의 형제들에게 일렀다. "나
는 죽습니다./하지만 엘로힘이 반드시
당신들을 찾아오실 것이고, 당신들을
바로 이 땅으로부터 아브라함과 이쯔
학과 야아콥에게 맹세된 그 땅으로
올라가게 하실 것입니다"/
25 요셉이 이쓰라엘의 아들들로 맹세하
게 했다. 이르기를/"엘로힘이 반드시
당신들을 찾아오실 것이고, 당신들이
여기에서 내 뼈들을 가지고 올라가게
하실 것입니다"/
26 요셉이 110세에 죽었다./그들이 그
를 방부 처리하고 미쯔라임에서 입관
했다./

320 다정하게 말했다 321 입양되었다

창세기 관용어 사전

- **한 날** 첫째 날(창 1:5)
- **깊은 잠이 떨어지다** 깊이 잠들다(창 2:21; 15:12)
- **뼈 중의 뼈, 살 중의 살** 골육지친(창 2:23; 29:14)
- **건드리다** 범하다(창 3:3; 20:6, 26:11,29)
- **그 날의 바람 때** 오후 3시경(창 3:8)
- **아도나이의 얼굴** 아도나이의 현존(창 3:8; 4:14,16)
- **티끌을 먹다** 천한 존재가 되다(창 3:14)
- **씨** 후손(창 3:15; 4:25; 9:9; 13:15; 15:3; 17:9 등)
- **(이성을)알다** 성 관계하다(창 4:1,17,25; 19:5; 24:16 등)
- **얼굴이 떨어지다** 실망하다(창 4:5,6)
- **(사람이나 동물을) 지워버리다** 무존재가 되게 하다(창 6:7; 7:4,23)
- **(상대방의)눈에서 은혜를 얻다** (상대방의)마음에 들다(창 6:8; 18:3; 19:9; 30:27; 32:5; 33:8,10,15; 34:11; 39:4, 21; 47:25,29; 50:4).
- **각자가 그의 친구에게** 서로(창 11:3,7; 15:10; 31:49)
- **네게로 가라** 너의 길을 가라(창 12:1)
- **은** 돈(창 13:2; 17:12,13,2327; 20:16; 23:9,13,15,16; 24:35,53; 31:15; 37:28; 42:25, 27,28, 35, 12, 15,18,21,22,23; 44:1,2,8; 45:22; 47:14,15,16,18)
- **눈을 들다** 주목하다(창 13:10,14; 18:2; 22:4,13; 24:63,64; 31:10,12; 33:1,5 등)
- **손을 들다** 맹세하다(창 14:22)
- **집의 아들** 품꾼과 달리 상속권을 가진 종(창 15:2, 3/창 17:12,13 참조)
- **언약을 자르다** 언약을 맺다(창 15:18; 21:27,32; 26:28; 31:44)
- **세워지다** 상속자를 얻다(창 16:2; 30:3)
- **눈에 좋은 대로** 마음 내키는 대로(창 16:6; 19:8; 20:15)
- **엎드리다** 인사하다/경배하다/복종하다(창 18:2; 19:1; 22:5; 23:7,12; 24:26, 48,52; 27:29; 33:3,6,7,9,10; 42:6; 43:26,28; 47:31; 48:12; 49:8).
- **(다른 사람의)무릎 위에 낳다** 입양하다(창 30:3; 50:23)
- **여자들의 길** 생리(창 18:11; 31:35)
- **내 주** 내 남편(창 18:12)
- **내 지붕 그림자** 내 보호 구역(창 19: 8)
- **코(눈)에 불을 붙이(켜)다** 화를 내다(창 30:2; 31:35; 39:19; 44:18)

- **얼굴을 들다** 용납하다(창 19:21; 32:20)
- **(상대방의) 뒤에서 중재하다** (상대방을)위하여 중재하다(창 20:7)
- **눈 가리개** 배상금(창 20:16)
- **눈에 악하다** 마음이 괴롭다(창 21:11,12; 28:8; 48:17)
- **화살 쏘는 거리** 약 300미터(창 21:16)
- **허벅지 아래에 손을 놓다** 생식기에 손을 대고 맹세하다(창 24:2,9; 47:29)
- **저녁으로 바뀌는 때** 해 질 때(창 24:63)
- **(탈 것등에서) 떨어졌다** 내렸다(창 24:64)
- **떨어졌다** 정착했다(창 25:18)
- **그의 백성에게 모아졌다** 죽은 친척들에게 더해졌다(창 25:8,17; 35:29; 49:29,33)
- **발꿈치를 잡다** 속이다(창 27:36)
- **한 날들** 1년들(창 27:44; 29:20)
- **코가 돌아오다** 분이 풀리다(창 27:45)
- **발을 들다** 여행을 계속하다(창 29:1)
- **낮이 크다** 한낮이다(창 29:7)
- **1 날들** 1년들(창 29:20)
- **자궁을 열어주다** 임신을 가능하게 하다(창 29:31; 30:22)
- **배의 열매** 아기(창 30:2)
- **엘로힘의 투쟁** 치열한 투쟁(창 30:8)
- **(가축이) 뜨겁다** 교미하다(창 30: 38, 39, 41x2; 31:10)
- **어제 그저께와 같은** 예전과 같은(창 31:2,5)
- **마음을 훔치다** 속이다(창 31:20, 26, 27)
- **얼굴을 두다** 방향을 정하다(창 31:21)
- **잠이 눈에서 도망가다** 잠 잘 겨를이 없다(창 31:40)
- **이쯔학의 경외** 이쯔학의 하나님(창 31: 42,53)
- **손에 들어오는 것** 소유하는 것(창 32:13)
- **(상대방의) 얼굴을 덮다** 만족하게 하다(창 32:20)
- **축복하다** 인사하다/작별하다(창 32:30; 47:7,10)
- **목 위에 떨어지다** 목을 맞대다(창 33:4; 45:14; 46:29)
- **가축을 두들기다** 가축을 재촉하여 몰다(33:13)
- **일의 발** 가축의 걸음걸이(창 33:14)
- **(이성을) 보았다** 성 관계를 맺었다(창 34:2)
- **(상대방의) 마음에 말하다** 다정하게 말하다(창 34:3; 50:21)
- **칼의 입** 칼 날(창 34:26)
- **악취를 풍기다** 혐오스럽게 되다(창 34:30)

- **엘로힘의 공포** 무시무시한 공포(창 35:5)
- **허리** 생식기(창 35:11)
- **형수를 아빔하다** 시동생의 의무로 형수를 임신시키다(창 38:8)
- **눈길을 주다** 유혹하다(창 39:7)
- **창자로 들어가다** 먹어 치우다(창 41:21)
- **땅이 잘리다** 나라가 망하다(창 41:36)
- **(권력자의) 입에 키스하다** 말에 복종하다(창 41:40)
- **벌거벗음** 무방비상태(창 42:9,12)
- **빵을 놓다** 음식을 차리다(창 43:31)
- **다섯 손들** 다섯 배(창 43:34)
- **다섯째** 오분의 일(창 47:24)
- **손의 넷** 오분의 사(창 47:24)
- **물처럼 끓어오르다** 음탕하다(창 49:4)

예슈아성서연구원

누구나 쉽게 성경을 읽을 수 있도록 돕기 위해 원 독자 성경연구학교, 성경낭독 지도자학교, 성지연구학교 과정을 운영하고 있다. 현재 1년 과정의 토라 읽기 『파라샤트 하샤부아』 강의가 진행중이다.

연락처: 박성철 총괄간사(010-8891-2038),
오이룸 행정간사(010-8004-7623)

예슈아 성서연구원(www.4yeshua.org)

히브리어 직역 토라(창세기)

2022년 6월 15일 초판 1쇄 인쇄
2022년 6월 20일 초판 1쇄 발행

역 자 • 김 인 철(예슈아성서연구원)
발행인 • 조 경 혜
발행처 • 도서출판 그리심
07030 서울시 동작구 사당로2길 72 인정 인정 B동 (B01)

등록번호 • 제 7-258호(1998. 4. 23)
출 판 사 • 전화 523-7589 팩스 523-7590
전자우편 • grisimcho@hanmail.net
홈페이지 • grisim.net
• http://smartstore.naver.com/grisimgrisim

ISBN 978-89-5799-473-3
ISBN 978-89-5799-472-6 (세트)